欣赏式探询

的威力

正向改变的
实践技能指导

［美］黛安娜·惠特尼 博士
（Diana Whitney, Ph.D. ）

［美］阿曼达·赛思顿－布伦
（Amanda Trosten-Bloom）/ 著

高静 / 译　徐佩贤 / 校译

THE POWER OF APPRECIATIVE INQUIRY: A PRACTICAL GUIDE TO POSITIVE CHANGE

华夏出版社
HUAXIA PUBLISHING HOUSE

图书在版编目（CIP）数据

欣赏式探询的威力：正向改变的实践技能指导/（美）黛安娜·惠特尼（Diana Whitney），(美) 阿曼达·赛思顿－布伦（Amanda Trosten-Bloom）著；高静译. —北京：华夏出版社，2019.2（2024.4 重印）

书名原文:The Power of Appreciative Inquiry:A Practical Guide to Positive Change

ISBN 978-7-5080-9558-5

Ⅰ. ①欣… Ⅱ. ①黛… ②阿… ③高… Ⅲ. ①企业管理 Ⅳ. ①F272

中国版本图书馆 CIP 数据核字(2018)第 187832 号

The Power of Appreciative Inquiry:A Practical Guide to Positive Change by Diana Whitney and Amanda Trosten-Bloom。

Copyright © 2003 by Diana Whitney and Amanda Trosten-Bloom.

Copyright Licensed by Berrett-Koehler Publishers.

Arranged with Andrew Nurnberg Associates International Limited.

Simplified Chinese copyright © 2018 by Huaxia Publishing House.

ALL RIGHTS RESERVED

北京市版权局著作权合同登记号：图字 01-2016-3465 号

欣赏式探询的威力：正向改变的实践技能指导

作　者	[美]黛安娜·惠特尼　　[美]阿曼达·赛思顿－布伦
译　者	高　静
校　译	徐佩贤
责任编辑	马　颖
责任印制	刘　洋
出版发行	华夏出版社有限公司
经　销	新华书店
印　刷	三河市万龙印装有限公司
装　订	三河市万龙印装有限公司
版　次	2019 年 2 月北京第 1 版　2024 年 4 月北京第 3 次印刷
开　本	670×970　1/16 开
印　张	24.75
字　数	251 千字
定　价	89.00 元

华夏出版社有限公司　地址：北京市东直门外香河园北里 4 号　邮编：100028
网址：www.hxph.com.cn　　电话：（010）64663331（转）

若发现本版图书有印装质量问题，请与我社营销中心联系调换。

目录

前言

自 2003 年第一版《欣赏式探询的威力》出版以来，人们对欣赏式探询这一理论和实践的兴趣、创新和强大的商业应用都发生了惊人的增长。许多专业咨询公司，比如麦肯锡、PWC，不仅把欣赏式探询的概念用于客户，同时也应用在公司内部领导力的提升和组织发展中。

2004 年，时任联合国秘书长科菲·安南用欣赏式探询的方法举办了一次世界首脑峰会，召集了约 500 名 CEO 参加了联合国举办的有史以来规模最大的一次会议。此次峰会的目的——"把市场强项与普世理想的力量相结合"——召集最佳商业理念，点燃世界经济，消除极端贫困，推进绿色产品、服务和可持续经营的生态创新。值得注意的是，在这些公司中，绝大部分公司——惠普、英国石油、诺基亚、飞利浦、绿山咖啡及其他一些公司——对欣赏式探询都不陌生。他们早已把欣赏式探询这种基于强项的正向变革哲学融入组织发展和变革管理实践中。

这些结果，正如新版《欣赏式探询的威力》所显示的，既不是非典型或者非凡的成功，也不是昙花一现、不可持续或者短期的变革。也许，本书最大的额外价值，尤其是对那些寻找欣赏式探询长效作用的证据的人来说，这本书中有那些关于欣赏式探询的影响力**超过十年**的记载。你见过多少有关组织发展的书籍不单单记载了初期的回报，还会记录下**长期**的持久力、长期**持续的**改善或成果，最终使一种变革方法（就像欣赏式探询）成为一个组织基因的一部分？

如果你和我一样，你也会喜欢上这一版，因为它传达的勇气，因为它触及了似乎每个人都要面对的最复杂的问题：现实的企业变革成功的案例到底在哪里？不是理论上的或想象的，这些案例要精确表明改变是如何持续和维持的，甚至会随着时间的推移不断获得提升，而不是最终消退或放弃。

即使你不读这本书里的其他内容，也一定要读一下这本书里有特色的案例，亨特窗饰公司（Hunter Douglas）鼓舞人心的故事。亨特窗饰公司是北美领先的定制窗帘的制造商和销售商，产品遍及全球数百万家庭住宅和商业建筑。这个国际案例，不只是关于欣赏式探询，也是有关组织长期持续发展：作者从亨特窗饰1996 年初启动欣赏式探询开始叙述这个故事，并持续分析了它将近 15 年的发展历程，跟踪结果更新至本书出版时。

当黛安娜和阿曼达两位作者请我为这本精心制作的书写前言时，我爽快地答应了。我与她们两位合作了很多年，项目从威瑞森（Verizon）到"联合宗教倡议"（United Religions Initiative），再到亨特窗饰，我一次又一次地欣赏到她们理论联系实际的非凡能力。我知道她们的生活和工作是怎样充分融合的，这源于她们的信仰：人类都是向善的。我确信她们会把欣赏式探询的精髓传递给个人、组织及世界。

这本书很特别也很重要，它注入了作者的灵魂和信念。的确，写作是美好而快乐的——这样的写作注定会以积极的和赋予生命活力的方式让无数人和机构受益。我深信当黛安娜和阿曼达在写作的时候，双眼一定闪烁着光芒。信不信由你，这是一本关于组织变革的书——**它一定会让你快乐**。

你是否曾经有过这样的经历：在读一部企业的组织变革史时，从头到尾脸上都带着微笑？好像没有吧。可以肯定的是，这本积极的书绝不会和陈旧的变革理论一样。当读到第十二章《欣赏式探询为什么有效》，被亨特窗饰的故事鼓舞的时候，你就会意识到传统的变革书籍里面倡导的大多数理念都已经过时了、结束了、不再需要了。而这本书不同，它令人耳目一新。比如，你从这本书的任何地方都看不到像"阻抗""差距分析"或"燃烧平台"（Burning Platforms）这些常用的变革管理术语，取而代之的是这本书探索的正向变革的力量——是那种当强项触动优势，一个人的希望与另一个人的希望连接时而发生的变化。

- 欣赏式探询把组织变成一个充满自由和活力的地方，人们渴望并充满正能量，集体创造力从未让人停止过好奇、惊喜和创新。
- 它增强了组织在企业整体范围内正向变革的能力，把人们当前对强项管理和积极心理学的兴趣从个人层面上升到全系统应用。

■ 正如前面所提到的，就像亨特窗饰的案例，它说明了欣赏式探询的积极影响是如何持续几十年的，目前亨特窗饰已经成为建筑产品的主要生产商，也是全球窗帘市场的领先者。

就在彼得·德鲁克先生去世前不久，我刚好遇见他，我称之为"我的彼得·德鲁克时刻"。他很有兴趣了解欣赏式探询，于是我问了他一个问题："彼得，你写了那么多关于管理思想和领导力变革的书，目前为止还没有人超过你。你能分享一个经验吗？每个人都应该知道的那种。""有，"他回答，"本质上是永恒的：**领导的任务就是集合系统强项，忽略系统弱项。**"我赶紧把这句话记了下来，并且想了又想。德鲁克先生指的是领导力变革只关乎强项——与弱项毫不相干——拥有强项不是只体现在完成工作上，更能让改变发生。然而他并没有说具体的做法，也没有给出一个基于正向而非亏缺为本的变革理论。幸运的是，在这本书里，两者都有了。这本书清晰、实用且直接，所有经理或变革领导者都应该人手一本。书中每一页都有基于强项进行变革的工具和方法。

同时，这本书在概念上也同样具有吸引力，书中有很多有关正向变革的阶段、词汇和广阔前景的强有力假设。我确信20年后，我们会发现许多博士论文都会追溯到这本书，探索诸如"重要对话""为什么整体性会激发人类最佳状态""持续改变的叙事基础"以及"从压力到动力的解放之旅"等这类话题。

黛安娜和阿曼达所描述的改变理论与科学上核能的概念类似，核聚变是太阳和恒星的能源。当两种带正电荷的元素合二为一时就会发生反应，产生新的结果。整本书从头到尾，作者都在讲述，当我们点燃那些给人类带来生命力的事物时，强大的正能量就会从组织中释放出来。当喜悦触动喜悦、强项遇到强项、健康拥抱健康、灵感结合灵感，将会发生什么——又怎样使这样的连接发生得更快、更频繁——是这本书最主要的内容。黛安娜和阿曼达认为，欣赏式探询是如此令人信服，充满了精彩的可能性，以致"人们一旦体验了力量的解放和对世界的影响，就会永久改变"。

这本书中我最喜欢的一个故事就完美地阐释了这种聚变能。故事讲述的是一位机床操作工，他被自己的欣赏式可能性所鼓舞。在做欣赏式访谈时，他发现了另外一个业务部的最佳实践案例，一台织物印刷机改装后效率翻倍，于是他开始琢磨自己部门的机器是不是也可以这样做呢。人们刚开始都嘲笑他："荒谬，机器不一样，不可能，我们以前试过，根本不行。"但是，这位机床操作工还是被探询所鼓舞，他眼中的世界已经不再是静态的重复，而是流动的可无限组合的能量，他感到自己充满智慧，像一个经验丰富的发明家一样去坚持，全心全意地把抽象的可能性变成现实。他要求周末加班，最终把一台原本价值11万美元的机器进行了改造，使之价值翻番，现在这部机器的生产力是以前的两倍。他的内心充满了喜悦，充满了这个创举带来的兴奋，充满了重塑现实的美好体验。该组织的领导们也同样兴奋不已，他的这一发现为公司节省了原本计划再购买两台印刷机的 22 万美元。

在广泛而迅速增长的关于欣赏式探询的文献中，值得注意的首要主题是什么？在我看来，是人类自由和在组织生命中行使权力的主题。这也正是黛安娜和阿曼达最棒的一点，在第十二章"欣赏式探询为什么有效"中开辟了激动人心的新领域。关于受压迫者教育学的意义，黛安娜和阿曼达直接指出了组织经常回避和忽视的问题，组织总在劝说人们：不要盲目乐观。但她们请组织重新考虑权利。我真的很喜欢她们的提问，比如：

一个自然而内心强大的人的价值是什么？有谁知道他个人有改变世界的力量？谁会选择为整体利益行使这股力量？谁会鼓励和训练他周围的人同样行使他们相似的力量？释放了人们的力量的欣赏式探询是什么样的？

据作者所言，权力的解放（力量的释放）至少需要六个条件，称之为六个自由：在关系中被了解的自由、被倾听的自由、在社区里梦想的自由、选择做贡献的自由、行动受到支持的自由、积极正向的自由。对每一条热烈讨论后，作者总结道："《欣赏式探询的威力》就在于，在一个完整的 4-D 循环里，释放了这六个自由。"

关于这个表述，我最喜欢的一点是它对人类系统变革中不常谈论的事物也有难能可贵的关注。比如，作者写道：在组织中"令人惊讶的是，关于被倾听的经历描写几乎是空白"。然后，她们描述了欣赏式探询不仅要创造一个人人畅所欲言的组织，为了更深层意义建构，还要创造一个让真正倾听成为一种规范的组织。

同样，她们指出一个事实，几乎每篇管理文章都颂扬有远见的领导者角色，这无可辩驳，但她们还是委婉地提出了挑战性问题："员工的梦想是什么？"亨特窗饰时尚部很喜欢这个问题，他们精彩的故事让你看到，当你认真对待这个提问时会发生什么。员工们热爱亨特窗饰，这我知道，因为我与黛安娜和阿曼达一起在那里工作过，员工的自豪感显而易见。用一位在第三班（倒班）工作的女员工的话说：我看到我最疯狂的梦想正在实现。

我最感兴趣的一个自由——让我停下来并思考最多的——是积极正向的自由。我们生活在这样一个世界里，几乎每件事情都在大众媒体的抨击之下，在企业世界里，批评、质疑和负面的声音往往是最大的。黛安娜和阿曼达给我们提供了丰富的关于改变的词汇，帮助我们摆脱了那种文化的感性逻辑，并给组织的正向变革搭建了中央舞台。

也许这就是为什么我一开始就说，我能想象黛安娜和阿曼达的眼中一定闪烁着光芒。是的，她们知道当她们在写这本书的时候有一丝顽皮。书中的工具会吸引你，经过验证和实践后，这些工具——尤其是结果——一定会给你惊喜。在你意识到这一点之前，这个实用指南就能够让你承担你从未想象过的或你感觉不可能的更大胆、更重要、更广泛的变革管理工作。

　　"太棒了、生活改变、强大的。"我想，你一旦步入这本精彩的书所提供的意境，就会发现，正是这些词汇表达了你的感受。

大卫·库珀里德博士

俄亥俄州克利夫兰市

凯斯西储大学韦瑟黑管理学院

社会创业学费尔蒙特矿物教授

2009 年 7 月

序言

把你的价值观付诸实践

如果你和我们一样，相信组织可以成为社区有意义的一种资源、一个创造更美好世界的媒介、一个人类可以茁壮成长的地方，请继续读下去。你可能是位高管、经理、顾问、社会活动家、人力资源专业人士，或者是你自己的组织中的非正式领导。你是新一代领导者的一分子，正在寻找把你的价值观付诸实践的工具和方法。

这本书是对一种新的工作方法的实用指南——让组织实现卓越财务业绩、提升各级领导力、使员工达成非凡绩效并提升对组织的忠诚度的方法，这个方法就叫"欣赏式探询"。

欢迎阅读第二版

欣赏式探询已经发展成熟。读者形容这本书是有关欣赏式探询最通俗易懂的一本。作为一本实用指南，在指导人们设计和引领欣赏式探询活动中发挥了巨大作用。我们很高兴介绍第二版。

再版每章都有新的工具和内容，书中最重要的案例，亨特窗饰时尚部也进行了更新。再版还在第十章增加了一个短小有趣的章节叫作持续力：正向改变的持久能力。响应了最常问的问题之一，即怎样把欣赏式探询创造的积极发展动力持续下去？最后，我们很高兴增加了全新的第十一章"欣赏式探询：社区规划流程"，分享了三个有力的案例和十个实用的小技巧。

为了符合原书的精神并根据读者和评论者的一致意见，我们强化了本书在"学习怎样做欣赏式探询"方面的功能。总之，我们相信，我们把一本很棒的书变得更好。我们期待你的回馈，如何用欣赏式探询在你的组织或社区中创造正向改变。

这本书如何帮到你

通过阅读这本书，你会学到欣赏式探询的原则和方法，你将学会怎样用欣赏式探询去构建一个你一直想要的组织。

这本书提供三个方面的信息，第一章至第四章介绍了欣赏式探询，阐述了什么是欣赏式探询，它是如何工作的；第五章到第十章解释了怎样做欣赏式探询；第十一章是新增加的，专门为欣赏式探询在社区规划中的应用而设计；最后，第十二章讲述欣赏式探询为什么有效。

贯穿全书，理论和实践都是通过全球成功的欣赏式探询的故事来阐述的。尤其是"怎样做"这些章节突出了亨特窗饰这个强大的案例。这个案例分析表明，当一个组织让所有利益相关者都通过欣赏式探询去参与建设组织更积极的未来时，它就可以建立领导力，并且极大地提升生产力、利润、创新能力和员工的忠诚度。

　　通过阅读这本书，你将学到用独特而有创意的方式去应用欣赏式探询的威力，把组织转化成创造力、创新和生活中心，让世界和众生都受益。

校译序

《欣赏式探询的威力》这本经典著作，一直是我多年来看过的最全面系统的欣赏式探询（Appreciative Inquiry, AI）专业实践者手册。我与许多的AI实践者有着相似的经历，最初也是从坊间的不同书籍和文章中认识AI，加上自己处理项目的经验，战战兢兢地一步步试着做，但渐渐发现知识与实务上有所差距，做起来总是感到有所欠缺，未能得心应手。

其后有幸与本书的两位作者黛安娜·惠特尼博士和阿曼达·赛思顿—布伦结缘，并拜于她们门下，加入正向创变企业（Corporation for Positive Change, CPC），与CPC的全球伙伴紧密合作，并先后设立香港和大中华正向创变中心，现为CPC的首席顾问、合伙人、领导团队成员及亚洲区代表。当初向黛安娜和阿曼达承诺在亚洲和华语地区推广AI，经过多年实践和根基建立，直至近年才履行承诺，逐步开展繁体、简体中文的翻译、校译和出版的工作。

在我教学和实践AI的历程中，遇到不少大陆的朋友询问AI专业丛书的简体中文译本。幸得华夏出版社独具慧眼，因为他们推广AI的热诚，加上朱悦主任和马颖责编的大力支持和推动，此书的简体中文版终于出版了，我也很荣幸有机会能为此出一点力，以我从作者们的身上所学的和在亚洲区实践 AI 所累积的经验，为本书担任校译。

感激两位作者，黛安娜和阿曼达多年悉心的启发与教导；我从她们身上不只学习到如何操作 AI（Doing AI），更见证了活出 AI（Being AI）理念的不同体现方式。

黛安娜是位思维敏锐的顾问，作为她的学生，我看到她如何临场迅速又巧妙地回应各式各样的刁钻提问；她研究 AI 与灵性修行的关系，令灵性修行变得更生活化，透过实践 AI 带出个人、团队、组织、社区更人性化的一面，提高集体的人性力量；而阿曼达除了是位思考敏锐的顾问，同时又是位能糅合理性和感性的引导者，她的魅力在于能让人愿意打开心扉，真诚分享自己的想法和感受，并系统地汇集当中的集体智慧。两人风格截然不同，多年来合作无间，有着亦师亦友的关系，也有着难以形容的默契，是尽显彼此独特强项的梦幻组合。

书中涵盖了 AI 丰富理论、操作原则及流程等核心概念，两位作者也无私地分享了她们运用 AI 的心法和窍门，是其他相关著作中少见的。而当中的多个个案，包括重点的亨特窗饰个案研究，更是将 AI 的项目咨询、设计以及操作和跟进，每个步骤的细节完美整合，具体呈现。

本书主要集中说明 AI 在共创项目方面的运用，这也是最为人熟悉和最能凸显其威力的地方；时至今日，透过具有不同专业背景的实践者的努力，AI 的用途已延伸至团队建设、教练辅导、家庭和关系辅导、个人发展与精神健康、领导力培养、组织学习等方面，只要能保留 AI 的精神和精髓，未来 AI 的发展和应用范畴可望更多元、更广泛。

对于 AI 实践者而言，本书是必备的入门教材；若您有意进一步了解和钻研 AI，建议根据您手上项目的实际情况，参照本书的指引做些实践，从中反思和不断学习，或是参加相关的实务操作课程，会有助于您灵活实践。

有不少 AI 的初学者和客户也跟我反映，AI 的理论和所用的词汇不易为人所理解，翻译成中文更有点令人摸不着头脑的感觉；当然个中有其微妙之处，但正是这个原因，令 AI 容易让人有高高在上、重理论和颇抽象的误解，而这无疑对推广和实践 AI 有一定程度的影响。

所以曾经有学生会疑惑："相比某些大行其道的学说，为什么这么有效的 AI 反而不那么盛行？"其实一部分热爱 AI 的实践者，为了让 AI 更容易被大众接受，也会用一些较易理解的方法去说明当中道理，以浅显用语取代艰涩但语意深远的用字，这个当然是让更多人受惠于 AI 威力的一种捷径；但作为实践者，一定要慎重，如未明个中底蕴已急着自行胡乱简化，又用 AI 的名义作招徕的话，就是有违专业之嫌了。

故在教授和推广 AI 的路上，我也希望让更多人欣赏和一起保存 AI 的经典精髓，保留原汁原味。在培育 AI 实践者的时候，我还会用书中那些专业词汇，以有助于他们持续进修和进行专业实践。因为在我历年的教学经验中，发现 AI 当中部分的精心设计与概念，实在难以用中文原汁原味地诠释，例如访谈指引的提问设计、受众群组在不同阶段的状态引导等，所以我还是运用英语的思维逻辑进行教授感觉更好。

在打好根基后，能够根据受众背景和项目需要，用容易让人接受的方法灵活呈现 AI 的精髓，并在人和事方面均有正向产出；这就是先做到内化 AI 的精髓，再做简单化、普世化，让普罗大众也能因此受惠；这也是我对学生的要求，超脱 AI 的术语和理论，活用 AI 的"法"，达到"手中无剑、心中有剑"的境界。

AI 的精髓并不在于理论或流程，那些只是基本；要领略个中精髓，先要始于由我们自身体验过 AI 的威力开始，而每个人的历程也不尽相同。我天生不是一个乐观的人，在经历人生最低谷的时候，实践 AI 让我重拾力量，不但改变了我的一生，也让我有了生命的基石。而在众多学说和工具中，我选择深度实践 AI，是因为我从个人的深刻体验中培养出了对 AI 的信念，它威力强大，对我而言不仅仅是一个工具，更是救命稻草。

AI 为我带来的最大改变是自身的世界观，以及对自身、对人与人之间关系的看法。AI 让我对这个世界重拾希望 (Hope)，和对人重拾信心 (Faith)。只有重拾这些基本，才能让人重建关系，迈步向前。

AI 让每一个人能够把他们最好的一面呈现出来，当您越多实践 AI，您和您的受众会更有能力欣赏和运用个人强项，进而转化成集体力量，注意力也会由个人转移到群体。这是一个谦卑的过程，让人能产生自我力量，逐步有策略、有计划地把"梦想"和"实际"相结合。

在现今的经济社会里，批判式思维常被人误解为理性思维，似乎也成了处事成熟的体现之一，这使得防御意识的高墙被不断加固，互相信任成了一句空话，或成为在有特定条件下的附属奢侈品。而 AI 让群体透过正向探询和对话，定义更高目标，发掘强项和资源来达至共同理想。

要发挥 AI 最大的威力，实践者最重要的心法，就是要对人的潜能与正向可能性有坚强的信念。尤其在面临重大挑战和困难时，大部分人会把焦点集中在解决问题上，投放精力在困难的人和事上时，这往往会带来更大的压力和负面情绪。而作为 AI 的实践者，我们就是要让人有力量不断带动和衍生出正向动力，无论任何处境都能看到潜能和机遇，怀着希望，汇聚力量，互相支持，一起积极向前。

有一次给一个客户培训他们的公司高管如何应用 AI 时，当中有一位参加者提出一个蛮人生哲学层面的问题：在座的都是高管，对组织是有一定的影响力的，在 AI 培训班上一起探询出的东西也那么美好，但为何这些美好的东西过往没有在组织内呈现过呢？

其实我们每一个人都想要美好的东西，只是当我们把"美好的事"跟"现实"分开的时候，往往就会不自觉地把"想要的事"和"当下"分开；"当下"净是不理想的事，离"美好"和"想要"的距离越来越远，便形成所谓的"世事不尽如人意"的论断。

而无论是我的自身经历还是专业实践，只要有方法，便可把它们结合，令人重拾希望，汇聚力量打造一个我们的理想世界。

徐佩贤（Dorothy Tsui）

2018 年 8 月

致谢

　　这本书是对 30 年的友谊、职业伙伴关系和共同学习的一个有力见证。在这个过程中，我们遇到了许多具有智慧、勇气且富有创造力的人，他们的人性之爱激发了建设性的行动，他们慷慨的精神为他人打开了大门。大卫·库珀里德就是这样一个人，对大卫和他凯斯西储大学的同事们，尤其是苏雷什·斯里瓦斯蒂瓦和罗纳德·弗赖伊，我们对你们开创性的研究和思想领导力表示由衷的感谢。同样，我们还要感谢陶斯学院创始人的创新贡献，我们也认识到我们公司的同事为正向改变领域所做的持续贡献。

　　《欣赏式探询的威力》之所以要出第二版是因为世界各地成千上万的人读过并喜欢第一版。我们要特别感谢保罗·查菲、芭芭拉·蔡尔兹、坦尼·普尔、阿妮塔·桑切斯、基特·坦尼斯、弗朗西斯科·戈梅斯·德马托斯、米尔特·马科维兹、乔伊·萨蒙、露丝·塞利格、雷·韦尔斯、希瑞·佐诺、凯西·卡梅恩、拉里·德雷斯勒、马克·法恩、比尔·戈弗雷、鲍勃·赫德里克、克里斯·霍夫曼、比·马·霍兰、霍华德·兰伯特、迈克·尼尔、鲍勃·纽和海伦·舒格曼，他们阅读、审阅了前一版，并给出了深思熟虑的反馈，帮助我们有机会把一本好书变得更好。

我们深深地感谢亨特窗饰时尚部的员工，他们把欣赏式探询这种全新的工作方式提供给我们，以便于我们理解欣赏式探询如何应用和为什么有效。我们特别感谢总裁里克·佩利特和人力资源部的负责人迈克·伯恩斯和黛安娜·桑迪。

还要感谢其他许多人和组织，是他们的故事和精神让这本书更加生动，包括英国航空公司、威瑞森、联合宗教倡议、陆路快运公司，以及在本书最新一章中重点描写的三个社区：布尔德县老年服务部、中北美善牧省姐妹会和科罗拉多州的朗蒙特市。对我们的朋友和老师霍德华·巴德·汉德、我们的精神家园以及我们遍布全球的联合宗教倡议社区，我们要感谢你们。

黛安娜致谢：在我的生命中，由于许多人的出现才使这本书成为可能。感谢我的儿子布雷恩和女儿莎拉·卡普林，作为世界公民，他们的爱、支持和分享给我的生命赋予了至关重要的意义，谢谢你们用勇气、智慧、正直和幽默来鼓舞我。感谢我的母亲埃莉诺·斯特拉顿，感谢您一生的爱，感谢您阅读我的手稿并给出清晰有价值的意见。感谢同事和朋友们：肯尼斯和玛丽·格根、朱迪斯·舒斯特、汤姆·凯恩、吉姆·格雷迪、吉姆·路德玛、阿伦·霍尔曼、查尔斯·吉布斯、玛吉·佩里和大卫·库珀里德，多年来，是他们让我表现出最好的自己、我的思想、我的理想主义。感谢我的兄弟路易斯·科西隆，当我写这本书的第二版时，他在为"我们家的第二版装修"工作，谢谢你的正直、你对家庭的承诺和你的忠诚。我要特别感谢你为我家装修所做的精彩设计，给我的生活增添了无与伦比的美。感谢阿曼达，谢谢你作为朋友、精神姐妹、同事和作者，和我一起走过的漫长而充满爱的旅程，你的存在提升了我和我的工作。

阿曼达致谢：我非常感谢所有为这本书的诞生提供支持和帮助的人。感谢我的丈夫巴里和我的女儿汉纳·乔伊，谢谢你们的爱、奉献和诙谐——甚至有两次为我牺牲了很多。你们在我生命中的存在使一切成为可能。感谢我的姐姐杰西卡·刘易斯，以及所有的"老夫人"们，谢谢你们一直的陪伴和信任。感谢我的父母阿瑟、伦纳德和简，谢谢你们教导我：寻找光明永不嫌晚。感谢我的朋友苏珊和约翰·马里纳，以及我的大家庭，谢谢你们的幕后支持，你们对我工作的好奇和信任激励了我与他人分享。我还要感谢那些一路上帮助我了解我的行业、发现我的声音、认识我的强项的人：汤姆·凯恩、鲍勃·波桑扎、我的 ACI 社区和许多客户、同事和学生们。我尤其要感谢黛安娜，谢谢你多年的友谊、合作和指导，谢谢你的远见和你所有提升扩展我的生活和工作的方法。

共同致谢：我们感谢辛迪·伯根、佩吉·霍尔曼、波维兹·兰德瑞尔和杰基·斯塔沃斯这四位读者的创意、承诺和合作，他们为第二版的诞生提供了帮助。我们还要感谢我们的编辑乔安娜·沃德林和博雷特 – 克勒的工作人员，谢谢你们的专业建议和职业精神。最后，我们要感谢博雷特 – 克勒的总裁史蒂夫·皮耶尔桑蒂，谢谢你勇于创建和领导一家"欣赏式出版公司"，通过示范性合作，服务所有利益相关者——客户、作者和股东，支持他们探求人人受益的世界。

　　带着极大的喜悦和谦卑，我们奉上这本书。欣赏式探询已经成为我们的一种生活方式，是我们最深层的精神信仰的实际体现。通过咨询和教授欣赏式探询，以及最近编写《欣赏式探询的威力》第二版，我们自身也发生了改变。我们希望这本书对你是一个有价值、有鼓舞、有挑战的号召，让你自己、你的同事和你的组织发挥出最优秀的一面。

　　　　黛安娜·惠特尼　　　　　　　　阿曼达·赛思顿－布伦
　　　　北卡罗来纳　教堂山　　　　　　科罗拉多州　金市
　　　　2009 年 6 月　　　　　　　　　2009 年 6 月

第一章

什么是欣赏式探询

"欣赏式……什么？欣赏式探询……是什么意思？"当客户惊讶地问到这些问题时，我们不再感到意外，毕竟，这个词有点特别，如果不是自相矛盾的话，它是一个围绕着战略、架构、问题和利润的商业词汇。不管怎样，当客户对欣赏式探询的威力和潜力有了更多的了解以后，他们就会表示："我们要做欣赏式探询，不过，为了便于组织内部理解，我们一定得给它换个不同的叫法。"

欣赏式探询研究的是：当人类系统发挥最佳功能时，是什么增强他们的生命力。这种个人和组织改变的方法是依据这样一个假设：关于强项、成功、价值观、希望及梦想的提问和对话本身就能带来根本性的转变。简而言之，欣赏式探询表明，最佳状态的人类组织规划和变革是一个以肯定和欣赏为基础的关系探询过程。以下四条有关人类本性和人类组织规划的信念就是欣赏式探询的基础：

- 人们从个体到群体都有独特并可以实践的天赋、技能和贡献。
- 组织是人类社会系统，是无限关系能力的来源，产生并存在于语言中。
- 我们对未来的想象是在人际关系中创造的，一旦清晰地表达出来，就有助于指导个体和群体的行动。
- 通过人际沟通——问询和对话，人们把注意力和行动从分析问题转移到寻找未来有价值的理想和有效的可能性上。

话语创造世界，欣赏式探询这个词也不例外。客户把他们欣赏式探询的项目命名为"狂热者计划"（The Zealots Program）、"聚力"（The Power of Two）、"价值启发者"（Value-Inspired People）等。在亨特窗饰的案例中，项目名称为"聚焦2000"（Focus 2000）。在每个案例中，伴随着欣赏式探询这个词公司品牌都经久不衰。当人们对欣赏式探询的原则有了更多的了解和践行时，就会认识到它是完全积极正向的，与通常的方法有着微妙的不同。为了充分描述和理解欣赏式探询，让我们仔细分析一下这两个词。

欣赏：认可和增值

欣赏与认可、重视、感恩息息相关。欣赏这个词是动词，它有双重含义，既是一种认可的行为，也是一种提升价值的行为。请参见以下定义：

1. 认可我们周围的人和世界最优秀的方面。
2. 感知那些给人类系统带来生命、健康、活力和美好的事物。
3. 肯定过去和当下的强项、成功、资产和潜能。
4. 提升价值，就像"投资增值"一样。

的确，组织、商业及社区可以从更多的欣赏中受益。世界上每个人都渴望被认可，他们希望在有价值的工作中发挥自己的强项，高管和经理们也渴望发挥他们的价值。他们寻求方法，把最饱满的激情融入日常工作当中。组织也力求不断提升，给股东、雇员甚至世界带来价值。但是，欣赏式探询不仅仅是欣赏、认可和增值，还有探询。

探询：探索与发现

探询指的是探索和发现的行为。探询的精神就是学习的精神，带着未知、好奇和好学的心态去探索新的可能性，对改变抱持开放的态度。探询这个动词的含义是：

1. 提问。
2. 学习。
3. 搜寻、探索、钻研或调查研究。

探询对组织和个人来说都是一个学习的过程。我们很少去寻找、探索和研究我们确定自己已经知道的事物，只在自己陌生的领域里做出提问。探询这个行为需要有真诚的好奇心，并对新的可能性、新的方向和新的认知抱持开放的态度。当我们进行探询时，我们不会"拥有所有答案""知道什么是对的"或者"确定"。

组织要想持续成功，就需要有更多的探询。探询的意义在于，组织要避免少数人的命令和管控，提倡在多数人之间探讨可能性；减少日常计划和战略的固定性，提升察觉和快速适应世界变化的能力。组织需要这样的领导：承认自己不是知道所有事，并满腔热情地提出刺激性和启发性的问题。

然而，并不是任何一个提问都能使欣赏式探询产生效果，提问必须是肯定性的，而且要聚焦于对参与者有价值的主题，并且围绕着组织成功的主题、关注点和问题。当欣赏为探询设定了方向，欣赏式探询的威力就释放出来了。

欣赏式探询的催化剂效应

就像氢和氧两者结合形成地球上最有营养的物质——水，欣赏和探询结合起来就会产生对领导力和组织变革至关重要的、强有力的催化效应。通过解析那些运营良好的组织，欣赏式探询释放出信息和承诺，共同为正向变革创造能量。

等级制度总是把那些受影响最大的人排除在外，欣赏式探询把等级制度转变成知识丰富的、关系包容的、自组织的企业。英国航空公司（GTE）的案例有力地证明了这个转变。2001年"9·11"事件后，由于航空旅行急剧下降，大部分航空公司需要削减成本和裁员，北美的英国航空公司客服部也不例外。然而，由于他们先前有欣赏式探询的经验，所以他们让员工一起参与决定怎样把裁员这件事做到最好。员工探索彼此的事业希望和梦想，通过提出各种方案如自愿休假、分担工作和兼职来应对。欣赏式探询创造了一种环境，让人们在整个困难和挑战时期始终参与其中，各抒己见。

欣赏式探询把命令与控制的文化转变为发现与合作的社区。例如：在我们与一个长期客户合作了一年后，请其中一位员工讲述发生了什么变化，他是这样说的：

> 在没有实行欣赏式探询的时候，如果研发团队想在我的机器上运行一个模型，他们会直接找到我的主管，我的主管就会看一下时间表，然后告诉我什么时候做。现在，他们会直接来找我，和我一起商定一个最合适的时间。

这个组织打破了专制的管理风格，解放了员工，让他们共同创造对客户、业务和自己最好的结果。

当我们刚开始与英航合作的时候，员工士气空前低落，因为早些时候他们裁掉了几千人。公司里各层级的谈话都是"真糟糕""怎么了""为什么不能好一点儿"。我们创建了一个流程，邀请员工用欣赏式探询使公司成为一个更好的工作场所，他们做到了。几千名员工接受了培训，内容包括欣赏式探询基础、欣赏式探询一线领导力和欣赏式探询工会与管理人员关系。培训后，英航一线员工自发组织了一系列欣赏式探询活动：客户满意度调查的改变、呼叫中心最佳实践研究以及欣赏式的员工招聘、新员工培训和员工保留流程。在发生了许多有机变革以后，英航在1997年荣获了美国培训与发展学会授予的变革管理方面的卓越实践奖。

最终，欣赏式探询使领导者以及组织和社区焕发了新生。据亨特窗饰时尚部总裁兼总经理里克·佩利特说，在领导亨特窗饰的变革过程中，他个人的观念发生了深刻的转变：

> 我在这里所做的工作几乎即刻就改变了我。它让我开始提问——不只是关于公司，也关于我的人生。
>
> 我们的提问和憧憬的梦想为我打开了大门，让我思考我要去向哪里，那是不是我真正想要的未来，促使我采取行动去纠正我多年来的草率选择。
>
> 我承认这种经历不一定让每一个人觉醒，但对我而言，是革命性的。对于其他许多在美国企业中晋升到高层的核心领导者、快速决策领导者、基层领导者来说，这是生命的改变，使生命变得更好。

4-D 循环

欣赏式探询是如何工作的呢？让欣赏式探询产生威力的流程是一个4-D循环——发现（Discovery）、梦想（Dream）、设计（Design）、命运（Destiny）（图1），它是基于这样一个概念：人类系统、个体、团队、组织和社区都随着研究学习的方向而成长和改变。欣赏式探询将组织的注意力集中在最正向的潜力上——正向核心（positive core）——释放正向核心的能量，使组织发生转变和持续成功。这是良好运转的组织的本质——集体智能，集合了组织有形和无形的强项、能力、资源和资产的集体智慧。

4-D循环可用于指导对话、大型小组会议或者全系统变革，它可作为一个框架，适用于个人发展或一对一教练、伙伴关系或联盟的建立以及大型社区或组织发展。无论出于何种目的，欣赏式探询的4-D循环都是创造变革的基础。

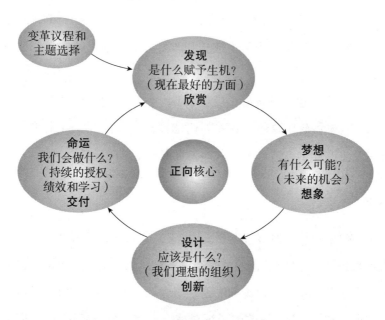

图1　欣赏式探询4-D循环

肯定式主题的选择

4-D 循环一开始首先要认真确定研究什么——"肯定式主题"。因为人类系统会趋向于他们所研究的内容，研究内容的选择，组织的注意力放在哪里与组织的命运息息相关。甄选出来的主题会成为组织学习和创新的议程。

肯定式主题对组织有重要的战略性意义，是组织的正向核心，一旦扩展，就会进一步促进组织的成功。这些主题也可能是组织存在的问题，如果进行正面描述和讨论，就会提升组织的绩效；或者，也许是组织为了成长和改变，需要去了解的竞争性成功因素。

肯定式主题一旦选好，就会引导"发现""梦想""设计"和"命运"这个 4-D 循环。有关如何选择肯定式主题、好主题的标准以及主题样本，请详见第六章"肯定式主题的选择"。

发现

"发现"是一种广泛的合作式探索，其目的是了解"现在和一直以来最好的是什么"，通常是通过一对一访谈进行，不过，也可能包含一些焦点小组讨论和大型小组会议。无论以什么形式进行，"发现"都要包含有目的的乐观对话，多数或所有员工都要参与，包括外部股东、标杆性组织和该组织所在社区的成员。有关"发现"这个环节的详细说明和综合指南请详见第七章"发现：欣赏式访谈及更多"。

"发现"流程的成果是：

- ▣ 对组织正向核心的详细描绘。
- ▣ 最佳实践故事和示范行动在组织内分享。
- ▣ 增强对组织的了解，提升集体的智慧。
- ▣ 在 4-D 循环其余三个环节实施之前意外出现的变化。

梦想

"梦想"是对"什么是可能的"进行的一种充满活力的探索。这个环节是让人们对工作、工作关系、组织和世界的希望和梦想共同探索，大胆设想那些巨大的、超越过去界限的可能性。梦想这个环节既有实用性也有生发性，它放大了正向核心，帮助人们挑战现状，设想更有价值的和至关重要的未来、更好的最终结果和对更美好世界的贡献。"梦想活动"通常以大型论坛方式进行，把组织的积极潜力和战略机会、创新战略愿景和更强的目标感用有创意的画面进行整合。有关"梦想"的详细说明和综合指南请详见第八章"梦想：愿景和未来的声音"。

设计

"设计"是一组激发性的命题，是对理想组织的陈述，或者说"应该是什么"。"设计活动"可以通过大型论坛或在小组中进行。参与者们通过"发现"和"梦想"选择高冲击力的设计元素，制作出一组鼓舞人心的宣言，里面列出他们最渴望的组织质量。设计忠实于欣赏式探询的原则，激发性命题必须是乐观的。他们通过展现清晰的、引人入胜的画面提升组织的自我形象：设想当组织的正向核心在战略、流程、系统、决策以及合作中都富有生气时，那将会怎样？有关"设计"这个环节的详细说明和综合指南请详见第九章"设计：给价值观和理想塑造具体形态"。

命运

"命运"是一系列激励行动，支持持续的学习和创新，涉及"将会是什么"。这是4–D循环的最后一个环节。整个循环给员工提供一个开放的讨论平台，让他们在组织服务中做出贡献并向前迈进，并在欣赏式探询流程中的每个阶段都发生变化。"命运"这个环节特别关注的是个人和组织的承诺以及向前推进的途径。在很多情况下，欣赏式探询都是领导力和组织持续发展的框架，因此，许多组织在"命运"这个环节又开始了一个新的欣赏式探询4–D循环。

"实现活动"通常在大型论坛中启动，然后在小组中持续实施。"命运"这个环节使整个组织在各个方面发生一系列变化，包括管理实践、人力资源流程、衡量和评估系统、客户服务系统、工作流程、组织架构。有关"命运"这个环节的详细说明和综合指南请详见第十章"命运：启发性行动和即兴行动"。

欣赏式探询的独特之处

作为组织变革的一种方法，欣赏式探询也借鉴了组织发展领域中许多其他实践的强项。从"开放空间技术"的创造者那里，我们了解了自组织过程的力量；从取得突破性成果的"全方位改变"之母凯瑟琳·丹内米勒和她的达尼米泰森协会的同事那里，我们借鉴了许多设计和大型会议的实践经验。

从"组织学习"大师彼得·森奇以及他的组织学习社团的同事那里，我们开始重视能够唤醒集体意识流动并能增强组织学习的对话活动；从"未来探索"的创造者马文·韦斯伯德和桑德罗·詹诺夫那里，我们理解了聚集所有利益相关者共同关注和创造未来的重要性。

在尊重以上这些以及其他前辈们在组织发展领域做出的巨大贡献的同时，我们也相信，欣赏式探询在方法和实践上为这个领域提供了一个全新的方向。基于社会建构理论和实践，欣赏式探询带来了正向的革命性改变，它有三个显著的特点：完全肯定的、基于探询的和即兴的。

完全肯定的

作为一种正向变革流程，欣赏式探询是完全肯定的。通过4-D循环，建立在组织以往成功业绩的基础上，为组织想要实现的未来激发正向的可能性。欣赏式探询有别于其他变革方法论，不包含对组织亏缺（deficit）的分析，比如：失败的根源、差距、障碍、战略威胁或者变革阻力等。所有欣赏式探询的相关活动、实践和流程都只关注组织在过去、现在和未来最好的方面。

通常，由于习惯性地关注问题而不是可能性，组织不能完全了解或利用组织成员的正向潜力，因此，结果就会导致组织的能力下降，根据大卫·库珀里德和黛安娜·惠特尼的说法：

> 问题分析的方法论都是基于亏缺论述的。随着时间的推移，组织里充满了失败的故事、知识和词汇，使人们不可避免地去关注那些工作中的阻碍、为什么会出错、谁没有做好工作，这些会使组织成员士气低落、降低学习速度、破坏人际关系、阻碍组织发展。[1]

欣赏式探询必须是肯定的，一个典型的案例是英国石油公司旗下名为 ProCare 的一家汽车修理公司。在它运营的第一年年底，ProCare 的客户调查显示，95% 的客户表示 100% 满意，任何在汽车维修行业的人都确认这是个惊人的数据。然而，公司管理层并不满意，他们决定开展客户焦点小组讨论，但不幸的是，他们只询问了那 5% 不满意的客户有什么不满，然后在每一站的墙上都贴满了有关客户不满意的原因的生动描述。很快，客户满意度下降，同时员工士气低落，人员开始流失。

当听说公司的状况时，一个欣赏式探询顾问团队提出了帮助公司改善下滑业务的建议。他们建议与那些 100% 满意的客户进行焦点小组讨论。带着极大的怀疑和好奇心，这家修理公司的管理层同意了。结果令人震惊，客户满意度出现逆转。为了达到更好，人们开始复盘这次成功的根本原因。原来，欣赏式探询必须是完全乐观的，这个态度和立场会创造一个丰盛的学习环境，它带来的回报就是高水平的客户满意度。

基于探询的

欣赏式探询的核心是"提问的艺术"，这是一种能力。需要设计出完全正向的问题，并访谈几十、几百甚至成千上万的人，问有关组织关联性和组织活力的问题。

组织生命是一个持续的提问和分析流。涉及是什么导致生产力下降？我们怎样可以减少加班？你为什么要那样做？谁需要参与这个决定？我们怎样在控制成本的同时增加收益？欣赏式探询承认所有提问都很重要，但是提问的性质更为重要，欣赏式探询认为组织是朝着不断提问的方向发展的，提问态度越乐观，组织的回答就越正向、越充满希望。

任何一个欣赏式探询的出发点和基本点都是欣赏式访谈，缺少了欣赏式访谈，就不能称之为真正的欣赏式探询。没有欣赏式访谈，只是有一个欣赏式视角，就没有学习的渴望，也没有改变的潜力，而欣赏式视角和欣赏式探询有一个重要的区别，欣赏式视角关注认同、价值和肯定，欣赏式探询意味着搜寻、愿意发现和开放学习。

为了更清楚地理解这个差异，让我们举例看一下两个组织在员工中建立共同价值观时分别使用的流程。第一个组织出于礼貌隐去名字暂且称其为 A 组织，A 组织实际上用了多种方式，我们称之为欣赏式视角。由高管层和几位潜力员工组成一个小组，一起开会讨论并表述了公司的价值观，他们印制了精美的文档，定义了价值观并阐述了对企业的重要性。他们希望所有员工都知道、理解、认同企业价值观，并对符合价值观的行为给予奖励。为了推广价值观，他们开展了宣传活动并实施了价值观认可系统。给所有员工发了"价值观"卡和"价值观陈述"海报，并分别要求放在钱包里和贴在办公室墙上。大多数员工都挂了海报，但几乎没有人真正在这个过程中认识或感受到价值观所在。

第二个组织是美国红十字会，决定用欣赏式探询来找到和确定他们存在的价值。他们真诚希望发现和了解他们的组织成员每天所践行的价值观，为了了解是什么样的价值观在指导着这些组织成员的服务工作，他们进行了三千多个有关价值观行为的欣赏式访谈。他们收集了数千个感人和鼓舞人心的故事，讲述了美国红十字会富有挑战、奉献精神和同情心的工作，把这些故事组合到一起，就确定出了十个最常践行的价值观。在一次全国大会上，两千名成员聆听了红十字会践行价值观的故事，还观看了自己和同事讲述践行价值观的故事的视频。当组织成员在分享故事和观看视频时，共同认知就提升了。本着探索的精神，所有成员都有机会在践行价值观的过程中接受访谈并分享故事，数千名员工参与并受到鼓舞。基于共同的价值观，他们代表美国红十字会所做的工作得到了认可和表彰。

即兴的

欣赏式探询是即兴的，这个方法有无尽的变化。它不是建立在一个固定不变的基础上，因此不是一个单一的方法，而是像精彩的爵士即兴表演一样。像弗兰克·巴雷特顾问提出的每一次欣赏式探询都是一次新的创作，一个充分发挥的人类组织规划的尝试。它始于一个清晰的目的，很多时候都成果显著，超出计划和预期——当一个组织特定的欣赏式探询展开时，成果就显现了。

就像音乐即兴创作一样，欣赏式探询的结构是宽松灵活的，它基于一套原则，通常遵循 4-D 循环这个框架。这本书里有很多故事，讲述了个人和组织以各种不同方式利用 4-D 循环达成目标的过程，取得的积极成果令人惊叹。但是，即使是 4-D 循环本身也可以适应不同的文化和环境，例如，社会活动家麦卡·奥德尔在尼泊尔农村和成千上万的妇女一起工作时就需要大量的即兴内容。他增加了 3 个 D：现在就做（Do It Now）、击鼓（Drumming）、跳舞（Dancing）。与之类似，国际咨询公司凯捷安永（Gap Gemini Ernst & Young's）的欣赏式探询流程，品牌为"e 正向变化（ePositive Change）"，有 5 个 D：定义（Define）、发现（Discover）、梦想（Dream）、设计（Design）和交付（Deliver）。

作为一种即兴的变革方法，欣赏式探询是由一系列问题引导的：

■ **你的总体变革议程是什么？**

■ 什么样的参与形式最适合你的需求？

■ 你整体的探询战略是什么？

■ 在 4-D 循环的每个阶段，你将采取什么具体步骤？

在第二章"欣赏式探询的方法"中，我们详细解释了这些问题，并着重介绍了一些使用过的欣赏式探询方法。

绿山咖啡烘焙公司（GMCR）对这些问题的回答让他们体验了一个非常完整而成功的欣赏式探询流程。他们的变革议程是什么？答案是：提升现有业务流程团队的效率、降低总体运营成本。他们选择什么样的参与形式呢？他们创造了一种新的探询方法，给 5 个完整业务流程的团队做了欣赏式探询培训，然后解散，让他们分别去做与自己流程相关的探询。在为期三个月的"发现"阶段，有几次，其中一个或多个探询似乎偏离了最初的方向，每次发生这种情况，高管团队和运营人员都会及时调整和修订这个流程，以确保持续的相关性和成功。最后，通过欣赏式探询，绿山的运营成本降低了 25%，还得到了全体员工对公司战略计划的贡献。

欣赏式探询是即兴的，这个特点使创新和持续学习变得势在必行。欣赏式探询理念的领导者大卫·库珀里德教授认为，有关欣赏式探询的实践、应用、模型、方法论、做法只开发了 5%。我们希望这本书能帮助你通过学习欣赏式探询的基础，设计出适合自己的欣赏式探询活动，不断提升对正向变革的认知。

从基于亏缺的改变到正向改变

欣赏式探询使我们思考和处理组织变革的方式发生了重大转变，欣赏式探询的终极目标是：目的不是改变什么，而是发现并展示本身就存在的强项、希望和梦想，即识别和扩展组织的正向核心。在这个过程中，人和组织都发生了改变。在欣赏式探询中，关注的焦点在正向的潜力上：已经做得最好的、现在做得最好的、还有可能做得最好的，因此，它是一个正向改变的过程。

相反，大多数改变方法都是基于亏缺的，关注的是存在的问题和如何解决问题。成功要依赖于对问题的澄清和诊断，以及解决方案的选择和实施。以我们的经验来看，基于亏缺的改变是可以实现的，但需要的时间很长，不如正向改变有效。

欣赏式探询把基于亏缺的改变方式转化为正向改变的方式，我们 25 年的组织咨询经验也反映了这个转变。在我们事业的早期，通常是先秘密收集客户系统信息，然后诊断组织问题，再修正客户设计、纠正错误流程。在我们使用这些固定的组织变革方法时，偶尔看到了一些不同的替代方法，于是我们就开始尝试。

我们尝试让组织成员参与他们自己的行动研究。在做史克公司和贝克曼仪器公司的合并项目时，我们组建了一个由部门经理、一线员工和人力资源部员工组成的调研团队，调研每个组织的最佳实践。60 个人与几千名参与者进行了访谈和焦点小组讨论。我们引导他们分享故事和数据，确定了 5 个核心能力。我们还尝试让他们设计和引导一个为期一周的工作坊，探讨这 5 个核心能力。作为合并整合项目的一部分，全球 3000 名员工参加了这个工作坊。

与此同时，我们开始让人们和组织去关注可能性——他们想干什么、想成为谁，以及共同创建工作流程和服务。比如在纽约探访护士服务中心，我们召集了行政、护士、医疗助理、社会工作者和患者代表这些团队，让他们一起相互学习，共同构想和确定服务流程。在这个过程中，我们让他们把目光和对话持续关注在他们的希望和愿望上，以此促进成功。

这些尝试带来的积极成果引导我们走向新的设想和工作方式，也就是我们现在说的正向改变。表 1 说明了从基于亏缺的改变到正向改变的转化。

表 1　亏缺为本的改变到正向改变的转化

	亏缺为本的改变	正向改变
介入焦点	存在的问题	肯定式主题
参与	选择特定的人	全系统参与
行为调研	诊断问题 原因和后果 定量分析 需求简介 由外部人员操作	发现正向核心 组织最好的方面 叙事分析 描绘正向核心 由内部成员操作
传播	回馈给决策者	广泛而创造性地分享最佳实践
创造性潜力	头脑风暴备选方案列表	梦想一个更好的世界和组织贡献
结果	解决问题的最佳方案	设计如何实现愿望和梦想
获得的能力	实施和衡量计划的能力	持续正向改变的能力

从表中可以看到，基于亏缺的改变转化成正向改变，这个转化改变了研究内容——从问题转到了正向核心；也改变了参与者和知情者——从少数人变成所有人；最后改变了结果——从解决问题变成梦想未来。在这个过程中，人们获得的能力也与以往不同——从实施和衡量具体计划的能力变成持续正向改变的能力。

我们会一直沿着这个方向走下去。从亏缺为本的改变转化为正向改变，我们致力于用我们的强项去帮助世界各地的人们发现和发挥他们的强项，建立一个充满活力的成功的组织，让人们的灵魂翱翔。

但是，问题怎么办

否认问题的存在？这现实吗？你是想让我们忽略这些问题吗？就像它们不存在一样？这是有关欣赏式探询经常被问到的问题。让我们明确一点，我们并非否认或忽略问题，我们的意思是，如果你想改变一种状况、一种关系、一个组织或社区，关注强项要比关注问题有效得多。在第四章"欣赏式探询的操作：从起源到目前的实践"中有大量的故事，讲述了组织和社区如何用欣赏式探询把注意力从问题转向可能性而从中受益。

我们经常在充满焦虑、紧张和压力的情况下工作：工会管理关系、兼并整合、跨职能部门冲突。通常，当我们把人们的注意力从"怎么了"转移到"我们做到最好是什么样子"，冲突就转成了合作。

我们不排除冲突、问题或压力的存在，我们只是不把它们作为分析和行动的基础，当它们出现的时候，我们倾听它们的声音，确认这就是生活经历，然后设法去重塑它们。例如，员工高流失率的问题可以转化成对有吸引力的工作环境和员工保留机制的探询；管理可信度低的问题可以转化成对诚信管理和激励领导力的探询；办公室性骚扰问题可以转化成对正向的异性工作关系的探询。

把问题转化为肯定式主题的能力是欣赏式探询的核心。第六章"肯定式主题的选择"用令人信服的案例讲解了如何做到这一点。

欣赏式探询为什么有效

佛陀曾经说过："生命是痛苦的。"问题就像苦难，它们总是存在的。但是生活和组织中不是只有痛苦，除了痛苦，还有喜悦。所以，除了问题，还有成功、希望和梦想。欣赏式探询改变了关注点，这个简单的注意力转移让人和组织超越并打破了问题的制约。

欣赏式探询之所以有效，是因为它待人如人，而非机器。作为人类，我们有社会属性，我们创造了彼此的身份和知识。我们有好奇心，我们喜欢讲故事和听故事，在故事中传递我们的价值观、信念和智慧。我们乐于学习并通过学到的知识让自己做到最好。我们喜欢在我们关心和尊重的人眼里表现良好。欣赏式探询使领导者能够创造出符合人性的组织——知识丰富、基于强项、适应性强的学习型组织。

我们认识到这一点，一部分是通过经验，一部分是通过研究，我们想知道为什么欣赏式探询如此有效，所以我们就此做了一个探询。我们访谈了一些人，并进行了焦点小组讨论。我们请他们讲最好的欣赏式探询的故事是怎样影响他们的？为什么有效？我们惊喜地发现，欣赏式探询之所以有效是因为它释放了能量，释放了个人和组织的能量。它激发了人们的最佳状态，并且鼓励他们去看到和支持他人的最佳状态，从而引发了前所未有的合作和创新。

接受过我们采访的人告诉我们，欣赏式探询之所以有效有6个原因，在这里先简单概括一下，在第十二章"欣赏式探询为什么有效"中有详细说明。

■ **它建立了关系，使人们能够在关系中而不是在角色中被了解**。正如一位参与者说的："每次做欣赏式访谈都让人充满能量，它建立了关系并让你有机会与他人连接，这告诉人们他们很重要，他们在这个关系中。"很多人告诉我们，他们在欣赏式探询的过程中在同事之间、经理和一线员工之间以及客户和组织成员之间建立了令人满意和富有成效的友谊。

■ **它为人们创造了一个被倾听的机会。** 当人们被倾听时，认可、相互尊重和士气都会得到提升。一位经理在描述他的体验时说："我的员工最终被认可为贡献者，多年来，我们一直被认为是组织的黑洞。通过我们一起做欣赏式探询，我们第一次被真正看到和听到。"

■ **它为人们创造了梦想和分享梦想的机会。** 人们很高兴反复描绘自己的梦想，而且当他们发现自己的梦想被别人分享的时候会更加兴奋。一位热衷于欣赏式探询的人说："分享我们的故事和梦想是我所用过的有关正向变革的最好工具。我快要退休了，此刻我知道，我已经为建立一个更好的公司和一个更好的世界做出了贡献。"

■ **它创造了一个环境，人们能够选择他们贡献的方式。** 当人们可以根据自己的兴趣和热情自由选择时，他们的学习能力和贡献能力就会大幅提升。关于自由选择的价值，一位总监给他的员工写了这样一封邮件："大家知道，欣赏式探询不是强制性的，如果它不适合你，也不要阻碍他人选择要做的事情，我们需要共同探讨这个过程，分享我们的方法，这样我们才能持续学习，获得自信。"

■ **它给人们提供了行动的自由和支持。** 一位参与者说："一直以来，我们都是代表组织行动，但是现在突然间，我们可以管理现有资源并关注自己在做什么。组织支持我们，使我们有可能而且最终一定能完成我们认为需要完成的事。"

■ **它鼓励人们并使人们变得积极**。一位员工说："积极并不总是受欢迎的！有时也会遭到别人取笑，说你是个盲目乐观的人。欣赏式探询把我的积极态度变成了一种资产，而非负债。它让我得到了想从工作中得到的东西。"

在整本书中，我们用亨特窗饰时尚部的故事诠释了什么是欣赏式探询以及他们是如何应用的。该公司会出现在第四章"欣赏式探询的操作：从起源到目前的实践"中。接下来，在第五章到第十章中持续讲述故事，在每章的最后，都会有一段关于亨特窗饰的故事，讲述他们如何完成欣赏式探询 4-D 循环的每个环节。结合其他的案例研究和实例，亨特窗饰的故事用清晰的事实证明了欣赏式探询是有效的，更重要的是，它揭示了欣赏式探询是如何生效的。

第二章

欣赏式探询的方法

大多数欣赏式探询的流程都是遵循 4–D 循环，然而，由于使用欣赏式探询的原因不同，所以在过程中采用的方法和关键步骤的处理方式也会有所不同，因此，没有两个欣赏式探询是一模一样的。既然欣赏式探询是一种实用的方法而不是单纯的方法论，那如何去应用它呢？需要通过仔细考虑一系列问题并给出答案。图 2 中是做欣赏式探询时必须解决的三个权威问题。

图 2 进行欣赏式探询时要解决的三个权威问题

- 你的变革议程是什么？你想达成什么结果？你的目的是什么？
- 根据你的变革议程、组织文化、时间和资源，最适合的参与形式是怎样的？
- 你的探询战略是什么？如果已经确定了目的和参与形式，为保证项目的成功，你必须采取哪些决策和步骤？

这一章会帮助你回答这些问题以及更多的问题。通过描述使用欣赏式探询的不同目的，确定你的变革议程；通过 8 个常用的欣赏式探询的方式的概述，指导你选择适当的参与形式；最后，通过介绍一个创建探询战略的框架，帮助你找到适合的人，以适合的方式达成你的目标。

现在就让我们探究一下上图"欣赏式探询的方法"这个窗体中的每一点，它的定义和对你的欣赏式探询流程的影响。

变革议程: 你想达成什么成果?

你选择用欣赏式探询的原因有很多。就像这本书论述的, 欣赏式探询用于组织变革、全球转换和个人发展, 简言之, 它可用于许多不同的变革计划。无论出于什么目的, 欣赏式探询都会帮助人们、社区和组织发现并实现他们最大的潜能。

表2中列出了一些你可能会使用欣赏式探询的变革议程。

图3　欣赏式探询的方法: 变革议程

表2　适合使用欣赏式探询的变革议程

变革议程	示例
组织变革	文化转型 客户满意度 士气和员工保留 组织设计 领导力发展 业务改进
组织和社区规划	业务战略规划 参与式社区规划
跨组织能力建设	并购整合 联盟建立 联盟合作伙伴关系管理 战略资源共享

变革议程	示例
社区发展	资产映射 经济发展 教育改革 和平建设
全球转型	全球组织规划 多地规划 意识提高
小组和团队发展	团队建设 业务拓展 会议管理 教学设计
团体间的改变	解决冲突 流程改进
个人转型和关系转换	领导力提升 教练辅导 绩效考核 员工培训 职业规划 丰富关系 灵性成长

组织变革

　　这本书很大程度上是关于组织变革的。无论是商业还是非营利环境，欣赏式探询都是整体组织变革的有力工具。许多组织都因为使用了欣赏式探询做组织变革而受益。这些案例在第四章"欣赏式探询的操作：从起源到目前的实践"中有详细介绍。

跨组织能力建设

跨组织变革包括把两个或两个以上的组织整合在一起来建立一种关系，创造一种统一的认知或达成一个共同的目的。例如，欣赏式探询曾用于国际电气工人兄弟会（IBEW）和美国通信职工工会（CWA）两大国家级工会的合并，且在 GTE 的重组合并时，创建了一个创新的工会管理伙伴关系；将内华达州和克拉克县的儿童福利院合并；将丹佛的交通工程部和交通运营部合并。

社区发展

欣赏式探询是国际社会发展的一个行之有效的工具。从凯斯西储大学的"全球卓越管理"（GEM）和"全球管理社会创新"（SIGMA）这两个项目开始，欣赏式探询已经应用于世界范围的社区发展。

数以百计的社区项目受到了具有里程碑意义的"畅想芝加哥"项目的鼓舞，这个项目在本章后面有详细描述。例如，由斯文·桑德斯特罗姆和利森·科比领导的一个瑞典咨询小组做了欣赏式探询，叫作"畅想哥特兰"，帮助哥特兰社区构想没有军事基地的未来，军事基地曾是这个社区最大的雇主。另外，还有一些组织，比如拯救儿童基金会、路德会世界拯救组织和联合国儿童基金会（UNICEF）都使用了欣赏式探询来提升全世界人民的生活质量。类似的，在 21 世纪早期，国际顾问拉维·普拉汉在东南亚地区使用欣赏式探询来降低孕产妇的死亡率。

从 20 世纪 90 年代末开始，许多市政府和郡政府都采用欣赏式探询做计划，包括亚利桑那州的巴基耶市、科罗拉多州的拉里默县和政府的马里科帕协会。其中最引人注目的两个项目"聚焦朗蒙特"和"喜迎我们的未来"都在科罗拉多州，引起了当地、地区、全国和国际上的关注并获得奖励，这两个项目在第十一章"欣赏式探询：社区规划流程"中有重点描述。

全球转型

我们做的欣赏式探询越多，就越能发现它促进全球变革的力量。欣赏式探询已经成功地用于创建几个全球性组织，包括"山地论坛"——一个致力于保护世界各地山地文化和环境的组织；还有"联合宗教倡议"——一个全球性的跨宗教组织，目前分布在世界上 179 个地方。

欣赏式探询目前作为几个全球性探询项目的工具，旨在提升人类的意识并改变地球上的生命，包括凯斯西储大学的"商界为世界谋福中心""联合宗教倡议的全球和平探询"和一个致力于创建最佳健康的流行项目"法雷奥"。

小组和团队发展

欣赏式探询对教学设计、会议管理和团队建设都是一个行之有效的流程，它已经用于商业领导力的发展、高中课程的开发和研究生教育。组织顾问和教育家查尔斯·普拉特用欣赏式探询做了一个改变人生的尝试，把它作为高中生的学习流程。这个过程是这样的：克利兰的一所高中由于大部分同学没有通过基本能力考试被宣布有教育危机。在对学校进行了欣赏式探询以后，查尔斯决定要尽快做更多的事情，她为学生们组织了为期三周的夏令营，让学生们使用欣赏式探询。参加夏令营要满足三个条件：基本能力考试三次不及格、老师不相信他们能考上大学、学生必须是自愿参加的。

探询过程很简单，学生们采访了老师、行政人员、家长和其他有学术成就的人，探讨了其他人是如何学习的、大学毕业有什么样的工作机会、大学是什么样的。访谈结束后，学生们分享故事和资料、演讲并相互教导。被选出来的学生有 31 名，其中 29 名学生按计划完成任务，28 名学生在项目结束时通过了基本能力考试并决定去上大学。在此过程中，学生的自尊和学业水平都得到显著提高。

当主管和经理们了解了欣赏式探询的原理后，也都发生了变化。例如：他们发现用一个完全正向的提问开启一个会议会给整个会议定下一个成功的基调。他们开始问这样的问题："过去一周我们做得好的方面是什么？""从上次会议到现在，你在部门里经历的、看到的和听到的最鼓舞人心的客户服务是什么？"

最终，当整个工作小组和工作团队发现欣赏式探询的好处时，他们体验到了深刻的变化。像创建团队认同、团结的力量、建立友情和信任、建立团队规范、创建项目愿景和目标等这样的基本活动，在经过欣赏式探询后都变得更加有效。我们出版的图书《欣赏式团队建设：激发团队最佳状态的积极提问》里面提供了在这种环境中应用欣赏式探询的具体工具和实例。[2]

团体间的改变

　　同样，欣赏式探询是增强团体间合作与信任的有效工具。例如：一位欧洲顶级顾问露丝·塞利格被请去帮助一家公司。由于该公司的创始人和 CEO 准备退休，公司正面临拆分。人们对未来的担忧显而易见，因此这位即将离职的领导人并没有获得应有的认可。露丝建议用欣赏式探询来弥合这个差距，CEO 认为这是个好主意。尽管新的领导团队中的一些成员对此并不太确信，但他们还是接受了访谈。令他们每个人都感到惊讶的是，在为期两天的欣赏式探询峰会中，他们竟是对公司过去的领导层和成就最直言不讳也最欣赏的人。第一天，他们专注于组织和领导层在过去做得最好的方面，第二天专注于探索未来。两天结束后，组织对自己的未来有了一个清晰的愿景，并且明确了在组织成长和变化阶段哪些是应持续保留的。

个人转型和关系转换

　　欣赏式探询也可以应用在教练、辅导甚至心理治疗中。许多组织都在招聘、绩效考核、新员工培训和职业规划中加入了欣赏式探询。例如 McDATA 公司就设计并实施了一个基于欣赏式探询的导师项目，已解决由于公司快速成长而遇到的人力资源方面的挑战。每位新员工在加入公司后的前几个星期都会有一位导师请他吃饭，导师和新员工边吃饭边进行双向的欣赏式访谈。导师采访新员工以了解他们对公司的积极的第一印象，以及他们的强项、希望和对未来的梦想；新员工采访导师以了解公司的核心文化和价值观。随着公司文化中最积极方面的加强和放大，新的关系就建立起来了。

事实上，在过去的十年里，通过大量的研讨会、文章和书籍等形式教练和领导力发展成为在应用欣赏式探询方面增长最快的领域，尤其是《欣赏式教练》[3]和《欣赏式领导力》[4]这两本书都提供了实用的案例和工具。同样，"欣赏式领导力发展课程©"[5]是一个发现和建立正向核心的论坛，它涉及独特的强项、技能和才智。我们已经用这些技能和其他一些技能给高管和经理做一对一教练，帮助他们找到培养欣赏式文化的方法并发挥他人的长处。

欣赏式探询还可广泛应用于灵性发展、疗愈不同群体之间的创伤、增进人际关系等。例如神学家佩吉·格林用欣赏式探询把同性恋者和福音派基督徒聚集到一起进行对话。她这个大胆的项目"首先是和解"，为这些有严重分歧的人群之间的疗愈和合作铺平了道路。

在个人用途方面，欣赏式探询可用于家庭聚会、周年纪念、退休、庆祝生日等活动，例如：我们制作了录像带和写有朋友及家人赠言的剪贴簿，记录他们人生中每一个特殊的瞬间，以及他们的希望和梦想。这些内容颂扬了人们的生活，也促进了个人成长。

参与形式：哪种欣赏式探询的
方法最适合你的需求

有的欣赏式探询的流程只需要几天甚至几个小时，有的则需要较长一段时间才能完全展开；有的需要大量的资源和协调工作，有的则变成了一种无形的自我管理的高绩效工作方法。无论什么情况，你都要根据你的变革议程、时间表、资源和其他一些条件选择适合你的欣赏式探询参与形式。

图4 欣赏式探询的方法：参与形式

在撰写本书时，我们至少已经知道有8种欣赏式探询参与形式，这些都是在过去几年里由世界各地的实践者面对各种新的和不确定的情况，通过实践、反思和提炼发展而来的。表3总结了这8种参与形式。针对每一个流程的具体描述如下。尽管这些流程看起来不同且相对独立，但有时也常常会重迭发生作用。

接下来的描述有的冗长而详细，反映了流程的相对复杂性，有的则简短而直接。不管长短和详尽程度，这些描述都是激发想象力、创造力以及发明有意义的正向变革新方法的引擎。

表 3　参与形式

	参与形式	简要描述
1	全系统 4–D 对话	组织的所有成员和一些利益相关者都参与一个欣赏式探询的 4–D 流程，较长一段时间内在多个地方进行。
2	欣赏式探询峰会	一大群人同时参与为期 2～4 天的欣赏式探询的 4–D 流程。
3	全民总动员探询	在整个城市、社区甚至全世界针对一个社会责任话题做大量的访谈（成千上万）。
4	核心小组探询	一个小组选好主题，设计提问，进行访谈。
5	正向变革网络	一个组织的一些成员接受了欣赏式探询的培训并被赋予资源去启动项目，以及分享材料、故事和最佳实践。
6	正向变革联盟	多组织合作参与欣赏式探询 4–D 流程，探索和开发共同利益。
7	欣赏式探询学习团队	有一个特定项目的小组——一个评估团队、一个流程改进团队、一个客户焦点小组、一个标杆团队或一组学生进行一个 4–D 流程。
8	渐进式欣赏式探询会议	一个组织、小组或团队通过 10～12 次的会议完成欣赏式探询的 4–D 流程，每次会议时间为 2～4 个小时。

全系统 4–D 对话

一个完整的 4–D 对话就是一个欣赏式探询的流程，在这个流程中，整个组织和大部分利益相关者一起经过较长的一段时间完成一个 4–D 循环——"发现""梦想""设计""命运"。组织中的一些人负责选择肯定式主题和编写访谈指引，一些人在顾问团队工作，其他人进行访谈，解释和沟通他们发现的问题。还有一些人参与对未来的展望和对理想组织的设计，一些人参与创建转型项目以实现梦想和实施计划。有些人选择对整个流程做出贡献，有些人倾向于对整个流程中的某一部分提供支持。无论哪一种贡献，在这个4-D流程中，每个人都参与其中。

通常，一个完整的4-D对话在两个月到一年内进行。它会涉及多个地点的探询，包括所有组织与客户有业务往来的地方，贯穿各业务单元、部门和职能的整体的欣赏式探询活动。其他欣赏式探询的参与形式例如：欣赏式探询峰会和欣赏式探询学习小组（后面有具体描述）通常被纳入一个全系统的4-D对话以确保在整个组织中的整合和学习。

不管什么时间和地点，全系统4-D对话的每一个阶段都用欣赏式访谈把新人和前辈连接成一个有共同故事主线、愿景和集体智慧的强大团体。这就使人们能够在项目周期里自由进出，为新人和新思想提供便利，同时也尊重人们在此过程中所做的工作并以此为基础。为了进一步理解全系统4-D对话是如何随着时间和地点而发生的，让我们看一下英国航空公司北美分区的客户服务案例：有40个人在一起开了两天会选出了肯定式主题，并起草了一份访谈指引。在2个月当中，100个人被培训为访谈者，在6个月里，900个人接受了访谈。最后，访谈的数据合成和梦想环节在18个机场进行。一个月后，在90个人参加的欣赏式探询峰会上起草了组织"设计宣言"，并推出了跨地域、跨职能的创新团队，这些团队一起工作了3个月，为组织的"快乐工作""员工持续发展""工作组之间的和谐"和"非凡到达体验"方面做出了巨大贡献。

你们公司什么时候启动全系统 4-D 对话？当组织想完成下列任何一项或全部工作时，这个方法尤其有效：

■ **建立领导能力**。全系统 4-D 对话在甄选和发展未来领导的同时也增强了现有领导力，这些对话锻炼了人们的领导力，教给他们技能，帮助他们成为正向而富有成效的领导者——无论他们是在欣赏式探询的参与之中还是之外。

■ **消除或超越沟通障碍**。全系统对话使人们相互连接，帮助他们建立正向的关系，超越职务、职能、任期和其他影响沟通的社会壁垒。这些对话调动了整个组织的合作，并为追求活力的组织铺垫了适合的系统和架构。

■ **创建学习型文化**。全系统 4-D 对话搭建了关系网络，通过网络，组织信息和学习可以被传送。这些对话还创建了分享最佳实践经验的论坛；提升了人们去优化实践和方法的意愿，把过去的经验作为正向变化的样板。

■ **释放人的最佳状态**。全系统 4-D 对话释放人类的潜能和力量，这样做，可以释放组织最好的方面。组织只有由最好的个人和团队组成才能达到最佳状态。

■ **提升正向变革的能力**。全系统 4-D 对话为人们创造了安全、参与和被倾听的机会，这反过来又提升了组织全面的正向变革能力，这是一个竞争优势。

欣赏式探询峰会

欣赏式探询峰会其实是一个大规模会议，在 2～4 天里完成 4-D 循环。参与者是多元化的，包括了组织的所有利益相关者——员工、客户、供货商、社区会员、政府机构以及其他相关人员。参与人数可以从五十到超过两千人不等。

欣赏式探询峰会得名于这样一个理念，即大的团体在一起能够取得非凡的成功，远远超过任何小团体的能力。参加一个欣赏式探询峰会意味着提升服务于人民、组织和世界的最高利益的正向可能性。

尽管每个欣赏式探询峰会都有自己的设计，但成功的峰会也有共同的特点，都清晰聚焦于与战略业务相关的主题；都会召集所有对主题有兴趣、有影响的人，通常第一次他们会在同一个空间里；每次峰会都会完成 4-D 循环——"发现""梦想""设计"和"命运"这四个环节；每次都用多种组合的形式，包括一对一访谈、小组流程和大组流程；每次都让在场的每个人发出平等的声音。

做过欣赏式探询和了解欣赏式探询原则的组织都会定期举办欣赏式探询峰会，做战略规划、能力建设和组织变革。例如，巷道国际举办了一系列峰会以提升公司的利润率和业务素养；营养食品公司也同样举办了年度峰会，让整个组织一起重新设计业务模式；联合宗教倡议在一年里办了 7 次区域峰会，以提升新的特许组织的宗旨、原则和设计。

你的组织什么时候举办欣赏式探询峰会？欣赏式探询峰会通常是"全系统 4–D 对话"中不可缺少的一部分。另外，峰会还可以是一种有效的单独欣赏式探询参与形式，有效性尤其体现在以下几个方面：

- **加速规划、决策和创新。**基于小组流程和沟通展示做规划和决策的传统方法需要花较长时间，面对快速发展的市场和商业环境，大多数组织没有这样的时间。通过同时把所有利益相关者聚集在一起，一次欣赏式探询峰会能够让组织迅速做出决定并确保接下来大家有共同的关注点。

- **绘制鼓舞人心的有生产力的未来愿景。**形象引发行动。许多组织绩效低下是由于他们缺乏鼓舞人心的未来愿景。欣赏式探询峰会是提升新的可能性和愿景最好的方法之一。当一大群人分享他们的梦想时，集体的能力就调动起来了，新的方向就激发出来了。

- **合并、联盟和伙伴关系。**合并中的组织面临的最大挑战是建立人与人之间的关系和凝聚力。欣赏式探询峰会最大的强项之一就是它能够把不同的群体聚集到一起。在 4–D 循环过程中，陌生人能够成为伙伴，达到前所未有的合作水平。

■ **为一个新的组织或项目设计或创建动力。**当组织和项目刚开始时，它们未来是否成功取决于设计和计划的深度和广度。欣赏式探询峰会可以促进必要的人去思考新组织的各个方面，比如目的和原则、战略和架构、人员和政策。这种从一开始就让人们参与进来的做法可以引发参与者的承诺和后续的跟进。

全民总动员探询

全民总动员探询的流程像瀑布一样，让众多的人参与面对面访谈。第一组访谈者完成一系列访谈，比如：50位访谈者每人做10个访谈，每个访谈结束时，访谈者再邀请受访者成为访谈者，那些愿意成为访谈者的人会收到一个用来接受培训的电话号码和一本访谈指引。这样，50位访谈者每人做10个访谈，每个人都可以在相对较短的时间里把500个访谈翻滚到成千上万个。当这个数字乘以100、1000甚至100万时，全民总动员探询可以促进组织、社区甚至世界的进化型转变。

20世纪90年代中期，芝加哥第一银行的一位高管布利斯·布朗辞去工作，发起了一个名为"畅想芝加哥"的项目，这成了全民总动员探询最早也最成功的案例之一。用欣赏式探询作为"公民创新的催化剂"，她围绕着一系列激进的提问和假设设计了这个项目。

如果把所有的芝加哥市民都动员起来,让他们公开表达对未来城市健康的想象,那将会发生什么?如果他们被邀请讲述自己的角色如何把愿景变为现实,会是什么效果呢?在我们这个有 300 万人口的城市里,创造积极的集体意向是否可能成为个人和组织能够参与的最有益的活动,从而实现一个正向和辉煌的未来呢?[6]

她设计了几百个两代人之间的访谈,其中最成功的是孩子们采访城市里的老人——牧师、CEO、校长、家长、演艺人员、艺术家、活动家和科学家。随后的研究表明,这些访谈深深地影响了所有参与者,一个接受采访的成年人被这个经历深深打动:

你知道,在访谈过程中,我确实看到了未来的景象,探索出了建设一个良好社会的必备因素。这个对话非常重要。[7]

与此同时,参与采访的孩子们回到学校后在各个方面都有所进步,包括数学、阅读和写作方面。

"畅想芝加哥"这个项目的成功催生了一个完整的畅想运动:截至本书印刷时,有 70 个项目遍及二十多个国家,跨越各洲。[8]另外,它还引发了许多其他的全民总动员探询,包括联合宗教倡议的全球和平探询和在第十一章"欣赏式探询:社区规划流程"中提到的三个社区探询项目中的两个。在每一个案例中,都做了几百、几千甚至几百万的访谈,把各个社区组织到一起,激发对未来的畅想，创建更好的世界。

你什么时候会做全民总动员探询？当你想让更多的人参与到一个组织、整个社区或行业发展中时，全民总动员探询是一种方法。具体来说，你可以用这个方法达成以下成果：

■ **改变社区自身形象**。当一个社区司空见惯地存在贫穷、腐败、毒品、暴力以及更糟糕的情形时，需要一个流程重新发现它的正向核心。全民总动员探询可以帮助社区把它最好的一面在一代人与一代人之间、个人与个人之间、群体与群体之间传播。

■ **在不同的甚至矛盾的群体之间建立关系**。通常，大型多样化的社区就像个舞台，充满了可悲的误解和无意义又无休止的矛盾。全民总动员探询可以建立差异间的关系，唤醒这些不同的甚至矛盾的社区，使之成为铸造奇迹和欢乐的熔炉。

■ **创造一个积极的变革和健康的流行风尚**。全民动员式探询能够激发人的善意并具感染力，它可以促进不相关者之间建立几乎不可能的联盟。在这个流程中，人们可以见面、思考，并为达成他们对未来的希望和梦想共同行动。

核心小组探询

有时候你可能只需要一个快速的或小规模的探询，抑或只需要一个介绍欣赏式探询的流程，就会为后来更多的参与者打开大门。在这种情况下，"核心小组探询"是有效的。

这种参与形式类似于全系统 4-D 对话，但它只是小规模和短时间的。一个核心小组是临时组成的，可以由 5 到 50 个人组成，这些人代表了组织。核心小组甄选主题、设计提问并进行欣赏式访谈。另外还会有更多的人加入一个处于"梦想""设计"和"命运"阶段的核心小组，或者加入一个在整个流程中独立运作的核心小组。

意真达健康组织在工作性质和资金发生重大变故之际，用欣赏式探询启动了一个战略规划流程。该组织通过安全、有效和可持续的生殖健康服务在全球范围内提升每个人的生活质量。它提供技术援助、培训和信息，重点为资源稀缺的地方提供改善服务的实际解决方案。它的工作范围覆盖三十多个国家，在其中 20 个国家设有办事处。他们采用核心小组探询和欣赏式探询峰会相结合的参与形式。在准备一个 60 人峰会的过程中，他们的顾问团队委任了一个名为"内部环境扫描团队"的核心小组，这个核心小组的目的是与一组员工代表进行访谈，做出书面访谈主题总结，在峰会上展示他们的发现。

在讨论了核心小组探询的结果并完成 4-D 循环以后，峰会的参会者就确定行动计划，包含到目前的预算周期里。此外，他们还发起一轮更广泛的探询，新的核心小组成立，进行访谈——这次访谈的对象是世界各地的每一位员工、外部同事、捐赠者和其他潜在的合作伙伴和竞争对手。

核心小组探询的应用使这个组织能够快速启动、看到益处，并承诺进行更大范围欣赏式探询流程，进而也带来了对一项新的战略计划的广泛支持，该计划希望在组织的关注点和多样化融资战略上有大幅扩展。

什么时候适合做核心小组探询？

- **快速启动和转变**。核心小组探询能使一个小组的成员迅速行动起来为整个组织服务。尤其是当这种探询以峰会的形式达到高潮时，相对较小的一个访谈小组可以通过将他人的声音带到现场来教育、告知和影响整个组织。
- **建立一个热情的基础**。核心小组探询开始于一个可控的水平，然后再扩展。它建立了一个热情的基准，作为更大和更广的努力的基石。

正向变革网络

几年前，在与 GTE（现在是 Verizon）合作时，我们认识到在欣赏式探询中培训一线员工所带来的转变的力量。我们负责把欣赏式探询带给六七万名员工，我们从一个培训项目开始，而不是从选择主题和启动全公司探询开始。当时的目标是，在以全公司范围做探询的准备工作中，让一大批员工先熟悉欣赏式探询。让我们惊讶的是，在为期两天的欣赏式探询工作后，员工们开始自觉探询，向他们的部门介绍欣赏式探询，并改变他们做业务的方式。

这一举动催生了我们现在所说的"正向变革网络"，它是一个系统化地把欣赏式探询带进组织并支持其在业务和组织各方面应用的流程。在 2 到 4 天的培训后，参训者开始在他们自己感兴趣的专业领域里开展活动。例如，一个人对最佳招聘实践做了探询，另一个人则寻找改进特定业务流程的方法。他们选择自己的主题，设计自己的提问，进行自己的访谈。他们也许不会组织其他人到他们特定的领域中参与这个流程，从某种程度上讲，他们设计并达成组织变革，这与他们通过个人探询学到的东西相一致。

有三点可以使正向变革网络从单纯简单的培训中脱颖而出：

1. 在培训过程中，鼓励参与者设想他们在自己的日常工作中会怎样应用欣赏式探询。通过培训，参与者得到一种哲学思想和一套方法论，使他们在工作中发挥最佳状态。

2. 参与者有机会彼此相互连接，分享最佳实践和灵感，扩展他们对欣赏式探询理论和实践的认知和理解。这通常是通过一个在线的知识网络完成的，这是一个正向变革的知识交流系统，通过这个网络，人们交流问题和故事，讨论更多探询的想法，共享探询指引和项目设计。

3. 参与者定期回来一起参加欣赏式探询峰会或其他面对面的会议，分享他们的探询成果，畅想组织的未来。

除了以前的 GTE（现在的 Verizon）处，正向变革网络已成功存在于各种环境中。例如，位于科罗拉多州威斯敏斯特的前程社区学院设立了一个正向变革网络作为大学系统的一个常务委员会。该委员会的成员用欣赏式探询技能为更大的社区提供多方面的内部咨询和支持，比如：降低离职率、招聘、设施设计和战略规划。他们还把欣赏式探询及其应用介绍给了本州岛和其他州的机构。

作为组织变革最基本的方法，一个正向变革网络可对组织及其文化产生巨大的正向影响。它可以让所有员工解放思想，调动他们的积极性，加强战略组织学习，或简单地把在不同地点不同学科的工作人员连接起来。因为正向变革网络一开始只需要较小的群组自愿参加，所以它是一个比较容易开始和持续下去的欣赏式探询流程，尤其是在很大又很复杂的体系里。你什么时候实施一个正向变革网络呢？

- **激发即兴的正向变革**。正向变革网络通过培养个人和基层的努力开启正向改变的过程。正向变革网络发挥了人们善良的天性，它给人们提供了工具，人们通过这些工具使自己的工作和整个组织发生系统化改变。
- **加强战略组织学习**。正向变革网络使整个系统的探索和发现精神释放出来。另外，这些网络把分散在不同地点不同学科里的人正式连接起来，网络通过给这些人提供共同的语言、共同的技能和有创意的沟通方式，鼓励人们分享和传达跨越传统边界的发现、提问和最佳实践。

正向变革联盟

"正向变革联盟"是一个高度合作的欣赏式探询参与形式，把来自5到8个不同组织或社区的团队聚集到一起，合作完成一个4-D循环，联合的欣赏式探询的重点是关注共享战略利益的变革议程，例如，卓越呼叫中心管理或改进型社区健康保健。

在6到9个月的时间里，来自不同组织的团队合作成一个更大的跨组织的探询团队，他们一起选择相互关联的主题、确定问题并创建访谈指引，然后，按照一个共同的基准在每个地方进行欣赏式访谈。几周或几个月后，他们返回欣赏式探询峰会，解读他们搜集的资料，编写"激发性命题"，并自发地针对一个公司组成一个专门的团队，应用他们所学到的东西为其服务。

正向变革联盟在组织特定项目上有很多的强项，可以把大型变革项目的咨询费分摊到几个组织中。正向变革联盟使不同行业的人从不同视角去思考他们共同关心的问题，因此提高了创造力和创新能力，最后还建立了持续学习的社区。

你什么时候会发起一个正向变革联盟？正向变革联盟为搭建基于行业领先视角和创新的内部系统和架构提供了机会。它尤其可用在以下几个方面：

■ **解放客户的声音**。正向变革联盟将内外部和跨公司的利益相关者带到一个共享的欣赏式探询流程中，让客户畅所欲言。它为客户的声音创造了一个媒介，通过"梦想"活动和"设计"活动引发出来并被倾听。

■ **行业转型**。正向变革联盟提供了一个新的视角，用来探索个别组织的正向核心，创造新的业务模式，彻底改变了用来定义、构想和实施一个行业工作的方法。

■ **调整价值链**。通过聚集客户、供货商和特定行业的供货商，正向变革联盟使组织有机会重新定义角色和职责，重新调整切换工作流程，并设计以生命为中心的达成卓越成就的方式。

欣赏式探询学习团队

"欣赏式探询学习团队"是较为简单的欣赏式探询参与方式之一，它有很多不同的名字，比如"创新团队""行动小组""改善团队""实施团队"或"项目团队"。欣赏式探询学习团队指的是接受过欣赏式探询培训的小组，用4-D循环达成一个特定的目标。这对那些想把欣赏式探询融入日常工作和变革计划中的群体来说是一个特别有效的参与形式。欣赏式探询学习团队的形式已经用在流程改进、项目评估、客户满意度评估、基准管理和产品创新等方面。

欣赏式探询学习团队通常是在全系统4-D对话的"命运"这个阶段成立。在完成"发现""梦想"和"设计"这三个环节以后，欣赏式探询学习团队自发组成，来执行项目和构建创新体系，该体系与组织新的正向核心、"梦想"和"设计"相一致。另外，学习团队也可以用作一个单独的和独特的参与方式，在这种情况下，团队成立并接受欣赏式探询培训，然后在他们自己的职责范围内推动改进和创新。

你什么时候开始成立欣赏式探询学习团队？这种参与形式对以下事情特别有效：

- **刺激创新**。欣赏式探询学习团队为一线员工提供信息、技能和资源，使他们积极主动地为业务变化的需求服务。
- **促进员工发展**。欣赏式探询学习团队通过与员工分享商业信息和最佳实践来培养他们，通过培训技能、提供资源和创造结识不同职能和业务部门的人的机会，使他们得到发展。
- **加强跨职能、跨部门合作**。欣赏式探询学习团队给人们提供了一个机会，让他们在共同感兴趣和共同关心的项目上合作，提高团队合作能力，在更大的系统和组织中建立归属感。
- **业务流程改进**。这是欣赏式探询学习团队组织重新设计工作流程、正向改变完成工作的方式。此外，欣赏式探询学习团队这种组织方式非常实用有效，能发现组织的正向核心并把它嵌入特定的服务流程里。

渐进式欣赏式探询会议

"渐进式欣赏式探询会议"是另一种小规模的组织形式，在这种欣赏式探询的应用中，一个小组或团队在几个月的时间里，通过一系列 10 到 12 次、每次 2 到 4 小时的时间完成 4-D 循环。会议议程大概是这样的：

- 会议 1: 介绍欣赏式探询并进行小型访谈
- 会议 2: 选择主题
- 会议 3: 设计提问
- 会议 4: 确定利益相关者，计划探询流程，开始访谈
- 会议 5: 分享访谈结果，绘制正向核心
- 会议 6: 预见可能性
- 会议 7 和 8: 重新设计组织
- 会议 9 和 10: 自发组织行动
- 会议 11 和 12: 跟进、支持和即兴发挥

渐进式欣赏式探询会议给人们提供了参与探询和变革的机会，同时对日常工作又没有很大的干扰。然而，这些会议需要遵守纪律，而且注重连续性。如果人们无法避免地错过了会议或被其他的事项吸引走，就很容易失去动力。

伦敦法院法官办公室加入这个迭代的渐进式欣赏式探询流程中，咨询顾问艾德里安·麦克林和玛莎·乔治把欣赏式探询加到

预先计划好的一系列管理培训日中。在第一次会议上，参会者学习欣赏式探询、选择主题并制作访谈指引。第一次会议后，他们开始进行访谈，然后带着他们的数据参加第二次会议，分享他们在访谈时所学到的东西，绘制正向核心，然后梦想和设计他们理想的组织。第二次会议后，他们启动了与设计一致的项目。最后，在第三次会议上，他们回来分享工作成果和在这个过程中所学到的东西。

你什么时候会使用渐进式欣赏式探询会议的形式？答案很简单，这种参与方式适合任何规模和任何目的。无论什么时候，你只要有一组人致力于创造改变，他们在一起的时间是有限的，但是可持续的，就可以考虑召集渐进式欣赏式探询会议。

关于参与形式的思考

以上总结的 8 种参与形式只是个起点，欣赏式探询仍处于婴儿期，在接下来的几年里，我们期待看到更多新的欣赏式探询方法的不断涌现。

当你考虑使用欣赏式探询时，选择一种最适合你的变革议程和组织参与形式，然后进行尝试。在你应用欣赏式探询时，要不断地适应和调整，让它以适合你组织的方式展开。

探询战略：什么样的决策和步骤能确保项目成功

我们说过，欣赏式探询的参与形式有很多选择，改变什么和如何改变是探询过程中宏观层面的选择，随着时间的推移，也会不断演变。在我们所说的探询战略的核心部分也有各种不同的微观层面的选择。

欣赏式探询的方法
变革议程
参与形式
探询战略

图 5　欣赏式探询的方法：探询战略

随着时间而展开的探询战略是一个深思熟虑的计划。它描述了谁做什么和什么时候做，以实现整体变革的议程。

表 4 做了一个简要总结，列出了为确定探询战略，在 4-D 循环的每个阶段必须做出的选择。第五章到第十章对这些选择有详细的介绍。

欣赏式探询菜单：一个即兴创作的框架

既然你已经看过这个菜单，现在是你选择的时候了，反思一下了你的组织和它目前的强项、机会和业务挑战，然后自问：你的组织做欣赏式探询的目的是什么？它对你个人有什么帮助？哪种欣赏式探询形式最适合你的组织和领导风格？当然，还有谁需要参与这个流程？回答和解决这些问题之后就可以大胆地开始尝试正向变革了。记住欣赏式探询的即兴属性，使用本章介绍的菜单作为规划和决策的一个框架，而非一个公式。

表 4　探询战略

4-D 循环阶段	要做的决策
启动。涉及把决策者介绍到欣赏式探询变革流程中，建立一个支持框架，使参与者参与其中。	欣赏式探询适合我们吗？ 我们的变革议程是什么？ 谁将为我们的顾问团队服务？ 我们的顾问团队需要什么培训？ 我们用什么样的参与形式？ 我们的探询战略是什么？ 我们何时以及如何把这个流程引进到整个组织？
肯定式主题的选择。涉及选择建立组织学习和转型方向的主题。	谁选择主题？ 我们探讨哪个主题？
发现。涉及制作欣赏式探询访谈指引，进行访谈，分享学到的东西。	谁设计问题和访谈指引？ 我们访谈谁？ 谁做访谈？每人做几个？ 访谈者需要什么培训？ 谁来为数据建构意义？怎样做？ 最佳实践的故事我们怎样讲述？ 应该让谁参与？ 我们用什么样的体验活动展示我们的未来形象？ 梦想的成果是什么？
设计。涉及合作确定组织的社会结构，提出激发性命题——对理想组织的描述。	我们设计什么？ 谁需要参与？ 我们如何描述理想的组织？
命运。涉及释放自组织创新，以此让未来成为现实。	如何搜集我们的成就故事？ 怎样庆祝？ 我们自组织行动的参数是什么？ 我们如何自组织行动？ 我们怎样支持持续的成功？

第三章

欣赏式探询的八个原则

当提到欣赏式探询时，原则和实践是密不可分的。欣赏式探询的实践一定要遵循八个原则——这是有关人类组织规划和改变的最基本的信念和价值观。反过来，由于成功实践揭示出对正向变革如何运作的新的不同理解，这些原则又得到发展。

欣赏式探询的这八个原则和它们引发的实践一样独特，源自三种广义的思想流派——社会建构主义（social constructionism）、意象理论（image theory）和扎根研究法（grounded research）。这些原则认为，人类组织规划和改变是一个正向的社会互动过程，它发现和塑造出令人对生命充满希望的、引导未来的景象。让我们简单思考一下这三个思想流派对欣赏式探询的意义。

社会建构主义认为，人际交流是创造、维护和改变现实的核心流程，这个观点最初是由社会学家彼得·L·伯杰和托马斯·勒克曼在他们的经典著作《现实的社会建构》[9]中提出的，近期由陶斯学院的创始人肯尼斯·格根、玛丽·格根、黛安娜·惠特尼、大卫·库珀里德、苏雷什·斯里瓦斯蒂瓦、希拉·麦克纳米和贺琳·安德森进一步开发。这个传统观点是欣赏式访谈和许多欣赏式探询小组活动的理论基础，把所有利益相关者召集在一起的概念对于建构性组织变革是十分必要的。

意象理论认为，我们对未来的想象影响我们当下的决定和行动，就像埃利斯·博尔丁和肯尼斯·E·博尔丁在《未来：想象和过程》[10]一书中所说的。他们的著作和荷兰社会学家弗雷德里克·波拉克的著作《未来形象》[11]都使欣赏式探询对未来形象和故事给予了特别的关注。意象理论表明，组织变革中最没有开发的资源之一就是组织中所有成员一起对故事和梦想的想象。

扎根研究法是站在居民的角度，用开放的态度去理解一种文化、社会或组织，它认为对于那些想了解和描述生活文化的人来说，参与观察是最好的数据搜集方式，它提出了一个观点，即所有的研究都是介入。基于探询是介入这个概念，欣赏式探询让一个组织的成员参与他们自己的研究——探询他们组织中最有生命力的力量和成功的根源，以及发现他们的正向核心。

当你开始进行欣赏式探询时，你会发现这些原则从两个重要的方面提供帮助，首先，当您介绍或教授欣赏式探询时，这些原则会帮你解释欣赏式探询和其他组织变革方法的细微差别；其次，当你设计欣赏式探询计划时，这些原则会指导你创造既满足组织需求又能保持欣赏式探询操守的活动和流程。

在表5中，你会看到对这八个原则的一个概括总结。快速浏览一下这个总结，你可以对这八个原则先有一个大概的了解，然后表5下面是对每一个原则的深度解析，每个原则的含义和重要性都用丰富的引述进行了解释。前五项原则直接借鉴了斯里瓦斯蒂瓦和库珀里德[12]的早期著作，我们又增加了三个原则，它们是从大型组织和社区应用欣赏式探询的经验中发展而来的。

表 5　欣赏式探询的八个原则

	原则	定义
1	建构主义原则 （The Constructionist Principle）	**话语创造世界** 我们已知的现实是主观的而非客观的状态，它是通过语言和对话创造的。
2	同步原则 （The Simultaneity Principle）	**探询创造改变** 探询是一种介入。 我们在提问时，就开始创造改变了。
3	诗意原则 （The Poetic Principle）	**我们可以选择学习什么** 组织，就像一本翻开的书，有取之不尽的学习资源。
4	预期原则 （The Anticipatory Principle）	**意象激发行动** 人类系统趋向于他们的未来意象。 未来意象越正向越充满希望，当下的行动就越积极。
5	正向原则 （The Positive Principle）	**正向的提问引发正向的改变** 大规模变革的势头需要大量的正向影响和社会联系，这一势头是通过正向的提问产生的，这些提问放大了正向核心。
6	整体原则 （The Wholeness Principle）	**整体激发出最佳状态** 整体可以激发出人和组织的最佳状态。 在一个大型论坛上把所有利益相关者组织到一起可以激发创造力并构建集体能力。
7	活现原则 （The Enactment Principle）	**"仿佛（As-if）"自己已经完全做到了** 要真正做出改变就必须"是我们想要的改变"。 当创造变革的过程是未来理想的现存模式时，正向改变就发生了。
8	自由选择原则 （The Free-Choice Principle）	**自由选择可以解放能量** 当人们可以自由地选择贡献什么和如何贡献时，他们就会表现得更好和更富有责任感。自由选择可以激发组织的卓越和正向变革。

原则1：建构主义原则

话语创造世界

建构主义原则把人际沟通和语言作为人类组织规划和变革的中心，它假定意义是在对话中产生的，现实是在沟通中创造的，知识是通过社会互动产生的。从本质上讲，它认为知识是一种主观的现实，是从群体之间的交流中产生的一种社会的人为产物。

此外，建构主义原则认为，话语、语言和隐喻不单纯是对现实的描述，它们是创造世界的文字。托尔特克老师和萨满教徒堂·米格尔·伊兹说话语是体现世界的媒介：

> 你的话语是你必须创造的力量，你的话语是上帝赋予的礼物。《圣经》中的约翰福音谈到创造宇宙时说："一开始就有'话'，'话'与上帝同在，'话'就是上帝。"通过话语显示了你的创造力，也正是通过话语体现了所有。无论你说什么语言，你都是想通过话语体现出来。[13]

同样，美国领导力论坛主席约瑟夫·贾沃斯基思索了语言创造社会变革和它最终实现的力量：

当我思考语言的重要性和人类如何与世界互动时，触动我的是，语言的发展在很多方面就像人类发现了火一样——它是一种难以置信的原始力量。我原来一直以为我们是用语言描述世界，但现在我明白了，并非如此。相反，我们是通过语言创造世界，因为只有当我们描述它时，它才有意义。但我们描述世界时，我们就创造了支配我们行动的特质。换句话说，我们不是描述我们看到的世界，我们是看到我们描述的世界。[14]

根据建构主义原则，语言的力量不是个体工具，而是人们集体创造知识和意义的媒介。根据著名社会心理学家肯尼斯·格根所说的，"我们对世界的认识来源于关系，它不存在于个人的头脑中，而是存在于解释性的或公共的传统中"[15]。知识被认为是好的、真实的、有意义的，是通过交流创造出来的一种人与人之间的广泛的社会协议。

在《对社会建构的邀请》这本书中，格根解释了社会建构主义的理论和实践，提出了四个假设，进一步描述了构建意义的关系属性：

- 我们了解世界和了解自己所用的术语既不被"这里有什么"所要求，也不被它需求。
- 我们描述、解释和／或展现的模式是从关系中衍生出来的。

■ 当我们描述、解释或者展现的时候，我们也在塑造我
们的未来。

■ 关于我们的理解方式的反思对我们未来的幸福至关重要。[16]

话语很重要，它不仅能够创造不同，还真正能够给生命带来
美好，创造我们所知的世界。

实践中的建构主义原则

组织的出现首先是通过语言，它们存在于故事中并通过对话
变为现实。组织变革也是通过语言发生的，包括讲故事以及人与
人的沟通。欣赏式探询的实践显然是一种建设性的变革方法，它
把所有人——所有利益相关者聚集在一起去合作、发现、梦想和
设计他们最看重和最渴望的组织。这是一个高度互动的过程，有
时候既是自上而下的又是自下而上的。这个过程集合了组织中各
层级和各部门的员工，他们相互学习，建立关系以继续向前迈进，
发展集体的智慧。

这些通过欣赏式探询的实践使人们聚集在一起的具体方法包
括选择肯定式主题、欣赏式访谈、意义建构会议、梦想对话和活
动、制定激发性命题、选择激励性行动。从根本上，欣赏式探
询的每一个步骤都给那些平常不在一起的人提供了一起做事的
机会，并在这个过程中转变了组织规划的性质。

一个现实的社会建构的故事

由于认识到意义是通过关系而产生的，内华达州的州长决定用欣赏式探询把州和县的儿童福利院合并。他们的目标是在竞争资源的人们之间建立正向的合作关系，共同设计一个综合的服务交付系统。通过一系列欣赏式探询峰会，让所有利益相关者都参与对话，包括社工、秘书，寄养父母、祖父母，顾问、议员、律师和法官，领养父母和家庭管理员。这些很少和别人交流的人通过欣赏式访谈建立了连接，通往融合的道路变得一目了然。当他们分享梦想时，一个组织的形象和一个综合的服务交付系统变得清晰了。基于对家庭保护、儿童福利和一站式服务交付的共同价值观，他们一起设计了一个综合服务交付系统。因此，话语创造了世界。他们为成千上万的孩子和父母带来了正向的改变。

原则 2：同步原则

探询创造改变

同步原则认为，改变就发生在我们提问的那一刻。用治疗师玛丽莉·戈登堡的话说，"提问的时刻也是选择的时刻，这通常是对有效行动和正向改变最大的杠杆作用"[17]。这表明探询和改变是同时发生的，探询是一种介入，也许是最有效的改变手段。

提问，无论是对自己的还是对别人的，都会创造认同，并给予人们从未有过的希望。治疗师早就认识到用提问激发潜能，从而形成认同、关系和生活模式。据古登伯格说：

> 提问是最主要的方法，我们在生活中做事、持有、完成和成长都是由提问催化的——甚至由提问来显现的。因为提问本质上与行动相关，会激发和引导我们的注意力、感知、能量和努力，所以，我们的生命所设想的进化形态的核心也是如此。[18]

著名的精神科主任和集中营的幸存者维克多·弗兰克尔①将他的生存能力部分归因于那些困扰他的内在提问。当别人问"我们能活下来吗"时，弗兰克尔却被另外一个提问所触动：所有的痛苦和身边的死亡，它们的意义是什么？[19]这个提问使弗兰克尔和他的许多同志活在截然不同的世界里。即使是在集中营，弗兰克尔的世界也充满了意义和可能性，而其他人的世界里只有生和死。

同样，古特伯格指出，客户的提问、故事中表达的提问、关系中存在的提问都是发生改变的关键。以提问为中心的治疗师带着这样的意识去倾听，以便了解客户，并说明他们重新梳理生活规划的提问：

---

① 维克多·E·弗兰克尔，维也纳医科大学神经与精神病学教授，创立了"意义治疗法"及"存在主义分析"。共出版了39部作品，并被翻译成34种语言。其作品《活出生命的意义》（已由华夏出版社出版）的销售超过千万册，入选香港大学必读50本图书，美国具影响力的10本图书之一。

这些治疗师很欣赏客户的提问——无论是内部的还是外部的，有意识的或无意识的。这些问题对挽留他们的生命有着深远的影响，是帮助他们走进他们渴望的新世界的钥匙。[20]

提问可以激发想法、创新和发明。新的知识、理论和发明常常从不同寻常的提问演变而来——那些需要对矛盾的可能性和不同学科综合方案进行持续反思和思考的提问。许多科学家和发明家都会说出困扰他们的提问，一直寻求解决方案，直到答案出现，而且伴随着答案，还会有一个新的想法或发明。

以古登堡发明印刷机为例，就是由于考虑了这在当时几乎是不可想象的甚至矛盾的一个提问：如何让神圣的文字大批量产生供大众阅读？古登堡熟悉了木刻版印刷（当时是一种先进的但低效高成本的复制手写文本的过程），他日夜考虑着这个提问。关心他的朋友们坚持让他休息一下，邀请他一起参加一年一度的葡萄酒节，他去了。由于这个提问还一直在他脑子里，当他看见一个葡萄酒榨汁机的时候，他找到了答案。几天后，他发明了第一台印刷机。

实践中的同步原则

普遍的观念认为，组织变革是通过有计划的长期介入发生的，"同步原则"的观点与之相反，认为探询是一种介入。人类系统——组织和人，趋向于他们所研究的事物的方向、所问的问题相关的方向、探询方向以及带着好奇心去探索的方向。

欣赏式探询的实践基于这样一个理念：当我们开始提问时就埋下了改变的种子。因此，在欣赏式探询中，我们不再担心提问的可靠性，它是产生正确答案还是错误答案。取而代之的，我们考虑的是提问所指的方向以及它改善生活的能力。正如《道德经》的译者——现代翻译家威廉·马丁所说的：

> 你的对话帮你创造你的世界。说出喜悦，而非不满；说出希望，而非绝望。让你的话语去疗伤，而不是去伤害。[21]

因此，欣赏式探询的实践关乎设计提问和提问的艺术，这些提问要能够引发积极肯定的答案。欣赏式访谈通过关注那些能够激发人们讲出组织的最佳故事的提问，唤起人们对未来的希望和梦想，焕发组织的生机。这是欣赏式探询的核心。

一个有关探询介入的故事

大教堂基金会的工作人员，从 CEO 到秘书都对他们的工作失去了热情。这是一个致力于照顾老年人的社会服务机构，提供上门送餐和老年日间护理服务。于是，他们决定用欣赏式探询做战略规划，在这个过程中，他们改变了探询的焦点，由此也改变了组织，从"我们怎样照顾老年人？"转向"我们如何创造积极的老龄化体验？"。通过这一转变，他们为服务的多样化以及具有深远意义的新服务铺平了道路。当他们共同承诺新的使命时，工作热情被重新点燃。

原则 3: 诗意原则

我们可以选择研究什么

"诗意原则"认为，组织就像翻开的书——有无尽的学习资源、灵感和诠释，就像伟大的和神圣的文字一样，组织是可以通过任何参考架构和探询主题反复讲述和诠释的故事。研究什么是我们自己的选择，而且只能是我们自己的选择。因此，我们几乎可以选择研究任何与人类组织规划有关的主题——客户不满或客户满意、令人颓废的官僚压力和令人鼓舞的民主进程、跨职能冲突或合作、工作中的烦恼或喜悦。

此外，我们选择研究的主题是预言性的，它不仅决定了我们会发现和获悉什么，实际上还决定了会创造什么。有关工作中的喜悦和热情的问题会引发快乐的故事、画面和体验。相反，有关压力的问题会导致压力的故事、画面和体验。

我们关注的主题影响世界的最有力的方式之一就是通过选择的隐喻来描述人类的组织规划。比如，我们说：组织像机器、自然生态系统、家庭、战场或者网络。每一个隐喻，作为一个模拟组织，都能快速激发出一组生动的画面并唤起一种独特的存在方式。隐喻把我们从语言带入生活，我们对隐喻的使用不仅仅是我们给它命名时的体验，而是我们对它真正的体验：

隐喻的作用远远不只是描绘现实。想象力是我们至关重要的力量之一，在想象力的激励下，隐喻常常会成为现实，从语言转变为真实的生活。[22]

因此，隐喻创造文化。根据著名心理学家罗洛·梅的说法："隐喻向人们展示了如何学习、规划、创造和改变。"[23] 隐喻创造了世界，我们最终选择生活在这个世界里。

实践中的诗意原则

组织生活就像一个记事，像一个庞大的故事，由不同的利益相关者共同撰写。每个人或每个利益相关者团体都带来一个不同的故事，就像一整张拼图中的一片。正如诗人要斟词酌句来唤醒情感和理解一样，组织的利益相关者也要选择语言、主题和隐喻来描述和表达组织的意义。有时候，他们的话语和隐喻会为合作、客户和竞争优势服务，有时候也会引起冲突、不满和业务流失。不管怎样，他们的选择都会通过故事和行动在整个组织中引起反响。

欣赏式探询的实践是以选择肯定式主题开始的，这对于选择成功导向的、赋予生命力的语言和组织隐喻具有重大的战略意义。人类系统趋向于他们所研究的方向，基于这个概念，主题的选择是战略性的，可以使组织朝着利益相关者最崇高的理想和对他们最有价值的方向发展。

一个选择预言性主题的故事

2002 年初，组织发展顾问唐娜同意参与加州大学伯克利分校（UCB）和伯克利市建立一个持续的合作关系的策划。她同由伯克利市和加州大学伯克利分校 12 名代表组成的一个策划团队一起，开始了为期 6 个月的建立伙伴关系的过程。在最初的静思阶段，来自伯克利市和大学的一组 75 个人共同探讨了伙伴关系这个主题，结合欣赏式访谈、意义构建、梦想，他们确定了两个组织之间已经存在的有效伙伴关系的要点，其中一个项目负责人在后来反思当初的静思时说：

> 通过选择伙伴关系这个主题，我们为一种不同的对话打开了大门——一种不一样的体验。让我们惊喜的是，我们找到了我们的相似之处，这让我们视彼此为盟友而非对手，促使我们在组织内部及组织之间形成新的更强有力的关系。

这次会议对两个组织都产生了人性化的影响，并为更多利益相关者之间的进一步对话铺平了道路。有关伙伴关系的持续对话成功地加强了合作，这个团队发起的以下这些新的合作项目也说明了这一点：

- 合作执法，以促进阻止犯罪的战略和计划，并确定和共享资源。

- 召开"市民和大学师生"会议，为 UCB 师生和伯克利城市工作人员创造了非正式定期聚会的机会，使他们相互了解，讨论共同关心的问题。
- 制订一项根据家庭收入确定和评估联合住房及融资机会的计划。
- 制订"西南伯克利健康计划"，提升城市和 UCB 在解决西南伯克利的健康差距项目中的参与度。
- 一项寻求城市和校园之间联合采购的机会的计划。

主题的选择起决定性作用，它使合作水平和伙伴关系上升到前所未有的高度，极大地提高了城市和大学的利益相关者的生活质量。

原则 4：预期原则

意象激发行动

"预期原则"认为，未来意象引导和激发着当下的行动和成就。它指出，组织之所以存在，部分原因是人们被未来意象和预测所吸引并愿意分享，它充满了不可避免但又无法预料的惊喜。控制论科学家认为这是不确定的，复杂理论学家将其描述为混沌，印第安人称之为"大奥秘"。简单地说，令人惊喜的元素和我们未知的存在一直都存在着而且永远都会存在。考虑到这一令人惊喜的元素，我们对未来所有可能的认知都来源于我们的希望、梦想和想象。简而言之，我们创造自己要去的那个地方的意象，然后我们组织规划那些意象。

荷兰社会学家弗雷德里克认为，未来意象会影响到社会生活各个层面的活动：

> 在每个意识层面，从个体到宏观社会，未发生的事物的意象是不断产生的，这些意象激发了我们的意图，它让我们有目的地前行。通过每天的行动选择，个人、家庭、企业、社区和国家都会朝着他们设想的理想未来前进。[24]

因此，成功与否在一定程度上取决于我们对未来的意象。基于恐惧的意象会引起广泛的恐慌——就像 1929 年发生在美国银行系统的事件。相反，清晰、持续和激励性的画面可以调动有力的、正向的集体行动——就像 20 世纪 60 年代的美苏太空竞赛。理论家威廉·伯格奎斯特教授在他的关于后现代组织的文章里谈道："任何社会的延续都很大程度上取决于这个社会中存在着持续的和激励人心的共同未来意象。"[25]

那么，未来意象到底意味着什么呢？是如何创造出来的？一个组织的共同未来意象究竟在哪里呢？意象是对潜力的感性描述、对可能性的详细说明，以及对未知事物的解释。根据作家琳达·琼斯的说法，"意象是预言，是会说话的文字，它使我们进步，推动我们前进"[26]。因此，意象比图像的意义更丰富。意象常常就是叙事的描述，是我们给自己讲自己的故事。意象在交谈中形成，并长期存在于人与人之间或群体之间的日常对话中。

实践中的预期原则

组织的未来意象创造于许多利益相关者之间的谈话并继续存在其中。意象长期存于组织的内在对话中，这是一些非正式的交流。人们在饮水机旁、休息室、自助餐厅这些地方的聊天谈话都会成为组织的未来意象和潜在成功的关键。

欣赏式探询的实践证明，组织的内在对话充满对过去成功的丰富叙述和对未来潜力的生动想象。通过对正向核心的探询、梦想活动、编制激发性命题，打破了当前的固有形象，延展了组织对未来形象的共同想象。随着时间的推移，它为组织的未来新意象的建立和展开提供了机会，就像一朵花向着阳光生长。

一个关于用意象激发行动的故事

"联合宗教倡议"的创始人最初想把这个全球跨信仰的组织叫作"联合宗教"，这样做是为了在范围和地位上与联合国对应。这的确是一个大胆的愿景——一个意象。它吸引了 250 人来参加全球峰会，就这样一个组织的愿景和价值观展开对话。在初期的讨论过程中，很明显，"联合宗教"的形象的确吸引了很多人，但在其他一些人看来，还是不够谦逊。于是"联合宗教倡议"的想法和意象诞生了，最初的计划是在前五年用"倡议"这个名字，全球成千上万的人参与了起草章程和设计组织架构。然后，在 2002 年 6 月章程签署的时候，这个组织将被称为"联合宗教"。

在这个过程中发生了两件有趣的事，第一件事，当人们还在起草章程和设计组织架构的时候，其他人就已经开始行动，为有不同宗教信仰的人搭建桥梁，并在当地推进不同宗教间的和平建设。"倡议"鼓励人们代表一个尚未成立的组织主动去采取行动。第二件事，由于距离签署章程的最后期限越来越近了，人们开始自发讨论关于组织命名的问题，"联合宗教倡议"这个名字本身就带有行动力：永远开始，永不衰老。世界各地的创始人一致认为，即将诞生的组织是"联合宗教倡议"，而不是"联合宗教"。结果正是如此。

原则 5：正向原则

正向的提问带来正向的改变

"正向原则"不那么抽象，它从多年的欣赏式探询经验发展而来。简单地说，正向原则就是正向的提问带来正向的改变。基于对团队建设中应用欣赏式探询的研究，管理学教授杰维斯·布希和格雷姆·科泽尔对此做了详细说明：

我们指导团队建设或组织发展计划的提问越正向，改变就越持久、越有效。[27]

最简单地说，改变的动力需要大量的正向影响和社会亲密关系，比如希望、鼓舞、彼此创造的纯粹喜悦。相比研究士气低落或流程效率低下来说，数千个有关提升服务激情或打造有吸引力的工作环境的访谈更能使人们保持正向的行动。

正向的提问能够激发出人的最佳状态，引发正向的行动，为正向的未来创造可能性。为什么正向的提问可以释放蕴藏在人类系统中正向改变的热情呢？这是因为正向的提问放大了组织的正向核心，放大了组织的最佳状态的精华，比如值得记住的过去、制定的现在和想象中的未来。当人们和组织有机会去研究、学习、梦想正向核心时，就会感到充满希望，变得兴奋，自然而然地倾向于有效的事物。

大卫·库珀里德和黛安娜·惠特尼写道：一个组织的正向核心就是这个组织的智能、知识、成功战略、积极的态度和影响、最佳实践、技能、资源和能力。[28]正向核心开发了赋予组织生命力的潜能，它包含着有创造力的、积极向上的质量、能力和资源。

一个组织的正向核心有许多表达方式，包括以下几种：

业务最佳实践	正向情绪
核心能力	产品强项
崇高的思想	关系资源

内嵌型知识	社会资本
财务资产	战略机会
创新、专利和版权	技术资产
组织成就	价值观
组织智能	可能性的愿景
	重要的传统

矛盾的是，正向核心既存在于自身，也是自身存在，它随着欣赏式探询而展开和演变。探询和关注都会增强和扩大正向核心。作家亨利·米勒发现，"当一个人对某件事物密切关注时，哪怕是一片草叶，它本身都会成为一个神秘的、极棒的、无法形容的伟大世界"。

实践中的正向原则

我们探询得越多，越能赋予正向核心以生命，最终把人们的注意力从"因为出现问题而改变"转向激发天赋、能力、潜力、梦想和愿景。欣赏式探询实践的核心是发现当一个组织处于最佳状态时，是什么赋予了它生命。从这个意义上说，欣赏式探询的实践是正向的或者说完全肯定的。欣赏式探询并不是寻找正向与负向或者好与坏，它是在寻找什么可以让人们有更好的绩效和让组织更卓越，什么会令人兴奋，充满能量，比如鼓舞员工、客户、供货商和组织的社区。

欣赏式探询的实践用大量方法反映了正向的方面，其中最重要的是对正向核心的发现和描绘。选择肯定式主题，进行欣赏式访谈，用数据分析出组织所有最好的、成功的、有能力的、令人满意的方面。

一个关于描绘正向核心的故事

安永咨询公司（Gap Gemini Ernst & Young）的高级顾问简被指派帮助两大联邦机构合并它们的图书馆。这个项目意义重大，但时间相对较紧。她仅用了两天时间，把这两家机构的工作人员召集到一起，她想用欣赏式探询帮到他们。最后，她引导两组人相互做欣赏式访谈，然后一起绘制他们的联合图书馆系统的正向核心，那些对这个联合系统不太感兴趣的人开始很吃惊，但在这两天的时间里，当他们看到彼此的能力和综合资源时，当初的怀疑被热情和喜悦彻底取代。在两天会议结束的时候，他们用金属薄片拼制出了一幅正向核心的马赛克地图，包含了他们所有的强项、资源、技能、资产和能力，并把它展示出来，让大家看到他们最好的一面和共同为客户提供的一切。

原则6：整体原则

整体带来最好的结果

整体原则认为，整体经验能发挥出人、关系、社区和组织的最佳状态。正如量子物理学家大卫·博姆建议的那样，整体即完整的故事、完整的系统、完整的人，是美好生活的本质：

> 好好思考一下英文里"健康"这个词对我们是很有益的，它是基于一个盎格鲁撒克逊单词"hale"，这个词的意思是"完整"，也就是说：保持健康就是保持完整……所有这些都表明，人们已经意识到，完整和健全绝对是让生活有意义的必要因素。[29]

完整的体验是理解整个故事的过程，当人们能够听到、见到和理解彼此对事物不同的视角、观点和解释的时候，就有了完整体验。《厨房餐桌智慧》的作者，灵性导师瑞秋提醒我们，不同的人对同一事件会讲述不同的故事：

> 故事是某人对自己生活中所发生的事件的体验，它并不是事件本身，我们大多数人对同一事件的体验都是非常不同的。[30]

因此，完整的故事从来都不是一个单独的故事，它是由不同的故事综合编辑而成的，由许多相关的人共同分享和编织。

整体原则引导参与者高瞻远瞩，完整的体验和复原不是出现在发现共性的过程中，而是出现在理解、接受和享受差异的过程中。理解完整故事中所有的差异和区别，这种意识会带来一种无需共识的满足。因此，它创造了一个环境，让人们可以安全地关注对整体的更高目的和更大利益。原苏联总统戈尔巴乔夫阐述了超越分歧为更高目的服务的重要性：

> 我们的时代面临严峻的问题和前所未有的机遇。只有忽略政治观点、宗教信仰和理念的差异，我们才能完成发展我们遗产的历史使命，我们努力互相理解和帮助，共同创造更好的未来。[31]

实践中的整体原则

在实践的意义上，整体意味着通过把所有利益相关者或者至少是组织的一些代表人物同时召集到一起，让整个组织参与到变革的流程中。当整个系统都在一起时，信任就有了保障，人们也有了积极进取的态度。正如一个参与者所言：

> 整体产生信任，当每个人都在场时，你就不必猜疑别人要做什么，或者说根本就没有所谓的"别人"，这是集体授权，不需要谁来批准你的计划，你知道，无论你们共同决定做什么，都能做到。

让整个系统参与其中还会为整个系统激发出不同寻常的行动。根据班尼迪克大学教授吉姆的经验：

　　当每个人的独特见解和其他人的观点相结合时，就可能创造出新的行动：这是之前沉睡的或未被发现的可能性。[32]

　　欣赏式探询实践把整个系统结合在一起，并通过欣赏式访谈打破了障碍，创建了一个建立尊重、克服固化、更新关系的环境。欣赏式探询会议为有冲突的人们提供了修复关系的机会，无论这些冲突是职能性的、文化性的、年代性的、宗教性的、政治性的或者其他任何形式的。当人们在全系统对话中相遇时，所有错误的假设都会消失，他们认识到别人并不是他们想象的那样，对不同背景、实践和愿景的尊重也就由此而生。

一个关于整体和生产力的故事

　　在负面意见和有害行为占上风的文化氛围笼罩下，约翰迪尔收割机厂想建立灵活的自主团队以产生更高绩效。他们通过让250名周薪和月薪员工参与为期5天的欣赏式探询峰会实现了这个目标。在这段时间里，员工们打破了他们愤世嫉俗的态度，超越了僵化、死气沉沉的约翰迪尔收割机厂。当所有人在一起的时候，他们能够更新和建立高效的合作关系，极大地缩短产品的开发周期，并创造对未来绩效的共同信心。

原则 7：活现原则

"仿佛"自己已经完全做到了

"活现原则"认为，改变是通过活在当下发生的，而这个当下就是我们最渴望的未来。简而言之，当我们所期待的未来的意象和愿景在当下上演时，正向的改变就发生了。有关这个理念有一个著名的说法，来自印度领导人圣雄甘地的观点："成为你想看到的改变。"作为一名社会活动家，甘地坚信自己的信仰，建立一个公正的非暴力世界的唯一途径就是通过当下的公正的非暴力行动。他的人生就是一个鲜活的榜样，是他自己最深刻的信仰和对未来梦想的真实写照。

19 世纪 60 年代，民权运动领袖马丁·路德·金带领美国人民走向更伟大的正义、平等和尊重。当他做这些的时候，不断重申着这个信仰，改变世界的唯一方式就是活在不同的世界里：

> 当你在争取正义的时候，一定要带着尊严和自律前行，唯一可用的武器就是爱……黑暗不能驱除黑暗，只有光明才可以，仇恨不能驱除仇恨，只有爱才可以。[33]

从精神角度来看，当下就是已有的一切。我们应该**活在当下**、**活在此刻**。舞蹈家和舞蹈编剧玛莎·葛兰姆鼓励她的舞者在表演时全然活在当下，她说："最重要的就是舞动的那一刻，让那一刻成为最重要的时刻，并赋予它存在的价值，不要让它在不知不觉中白白溜走。"[34]

富兰克林·罗斯福总统理解了"活出今天的梦想"这一概念。在他任总统期间，国家正遭受史上最严重的经济萧条，他用可能性的愿景向美国人民提出挑战，在他的就职演说中，他敦促国家要勇敢地承担它所期待的未来——为所有人提供工作和公正，而不是简单地等待繁荣的回归。他还乐观地宣布他将领导的未来是：

> 在这个国家里，我看到数千万的公民——这是整个人口的重要组成部分，就在此刻，他们被剥夺了大部分最低标准的赖以生存的必需品。
>
> 我并非在绝望中，而是在希望中，给你们绘制这幅图画——因为是这个国家要把它画出来，尽管我们看到也能理解我们的国家还存在着不公正。我们决心让每一位公民都成为国家的关爱对象，我们也永远不会忽略任何一个在我们边界内忠实的守法团体。对我们工作业绩的考虑不是看是否让富人更富有，而是看是否让穷人丰衣足食。[35]

选择了活现未来，罗斯福带领美国实施了激进的"新政"政策，为数百万失业的美国人提供了工作。在这个过程中，他帮助人们找回了自尊和自信，推动了国家前进，超越了眼前看似无法克服的时间挑战。

实践中的活现原则

活现的概念——活出今天的梦想，是一个简单但又矛盾的实践。几十年来，许多匿名戒酒会的会员都通过"表现得就像想成为的人"的方式得到有效的改变。他们表现得好像自己是勇敢的，而不是放任自己的恐惧；他们表现得好像自己是慷慨的，而不是屈服于自私。

有效的组织变革要求，用于改变的流程必须是一个活生生的实例或者想要的未来，换句话说，一个用于改变的流程的目的和手段必须是一致的。再次套用甘地的话：组织必须是他们想看到的改变。

欣赏式探询的实践为组织变革创造了许多机会，让组织成员能够扮演出他们最渴望的文化和领导力风格。例如，如果组织想要从事业务的成员参与进来，就必须表示高参与度和承诺是一种规范，邀请每个人参加欣赏式访谈并征求非正式领导对欣赏式探询计划的看法；如果他们想让员工畅所欲言并相互倾听，就必须承诺所有声音都是平等的，通过创建论坛让每个人分享访谈故事和见解；如果想让层级之间变得平等，就必须表现出不能让等级和权力控制决策，让欣赏式探询顾问团队包含所有级别和所有职能员工。

一个关于"仿佛已经完全做到了"的故事

在 2001 年末，丹佛的交通工程和交通运营准备合并，他们希望有一个流程能够化解这两个原本独立的团体之间的界限，完全整合成一个全新的高效运行的组织。他们成立了一个顾问小组来计划和实施一个欣赏式探询峰会，双方都委派了代表。从一开始，顾问们就花时间相互熟悉，制定共同目标，并跨越他们之间的界限去合作达成目标。在峰会召开前的几个星期，该组织其他部门的董事们开始询问发生了什么。从外表看，这个新的组织已经达成了统一目标！通过表现出他们就像一个组织——为了成为一个组织而努力，因此完成期望的整合比预期的要快和顺利得多。

原则 8：自由选择原则

自由选择解放力量

"自由选择原则"假定，当人们可以自由选择他们贡献的性质和范围时，人和组织就会茁壮成长，这表明，如果把人视为志愿者，让他们自由选择想贡献什么，就会释放他们和组织的力量。

把人视为志愿者意味着什么呢？**意志**（volition）和**志愿者**（volunteer）这两个词的词根都是拉丁语 velle，意思是"希望"或者"选择"。因此，志愿者是基于对成就的强烈欲望而选择做贡献的人，他们渴望有所作为，希望有一个更好的世界。把人看作志愿者就是创造一个民主的工作环境，让人们可以根据自己的强项、兴趣、价值观、希望和梦想去选择何时、如何做出贡献。

自由选择为组织建立了热情和承诺，并促进了高绩效。当人们可以自由选择的时候，组织就会更加优秀。自由选择是管理顾问简·加洛韦·赛琳所说的"会员组织"的基础，在她的同名书里，她建议应该把员工当作自愿选择到这个组织来工作的会员——即便他们是由于经济原因必须在这里工作。她详细阐述了自由选择的好处：

> 在会员组织中，会员个人和集体工作的意义不仅仅是为了参与，而是有高度的个人责任感、共同的担当和会员间的连接，使之有可能成为一个多层级工作社区。会员的概念激发了人们对组织目标的投入，促进了人们对最佳绩效的共同紧迫感，并增大了个人和团体在工作场所社区做贡献和成功的机会。[36]

组织发展顾问汤姆·麦吉在谈到制作公司（Creation Companies）时也强调了自由选择的益处，他说：在制作公司里，人们加入团队，像志愿者一样做出贡献，为组织带来许多长期的利益：

> 一家制作公司，只要有可能，都会允许人们想在哪里工作就在哪里工作，并可以随时自我调整。人们通常选择最好的机会和最好的领导一起工作，这就有利于识别出最好的想法在哪里，最好的项目在哪里，最好的领导在哪里。可以把它看作一个内部的利伯维尔场。[37]

每个人的自由选择都可以释放力量和高绩效，因为这是人的本质。心理学家罗洛·梅说，做选择是人类存在和身份的核心：

一个男人或女人只有通过选择和对选择的承诺才能成为全人。人们通过日复一日的大量选择获得价值和尊严。[38]

做人的尊严和工作的尊严来自选择。《你的标志性道路》（Your Signature Path）的作者贝曼说："我们每时每刻都在选择想要什么，不想要什么；做什么，不做什么；喜欢什么，不喜欢什么。"[39] 当人们有机会选择想要做的事情时，就会更自由地响应直觉的呼唤，充分发挥有创造力的潜质。

的确，我们正是通过选择才让自己与众不同，为世界贡献我们的天赋，留下我们的遗产。

希望是由什么构成的？答案的一部分无疑是做选择的能力。没有选择是一个巨大的悲剧，一个导致绝望或者愤世嫉俗的悲剧。做选择的能力会导致其他后果。我们选择什么？怎么选择？这些选择最终让我们与众不同并塑造了我们的遗产。[40]

自由选择原则教会我们不断创造选择的机会，给人们选择的自由，鼓励他们根据自己的直觉、兴趣、强项和天职去选择工作。

实践中的自由选择原则

在我们 25 年的实践中，变革管理已经有了显著的发展。我们见证了从"自上而下"到"全员参与"的转变，我们看到组织从"让我们慢慢来，试试这个流程"转到"尽快让每个人都参与进来"，这两个转变都扩大了员工的参与，但并不一定是员工的承诺。要求每个人参与到变革活动中来经常会适得其反，无论多么想改变，如果没有选择空间，人们可能就会感觉是被迫的，就会抗拒。

欣赏式探询的做法不同于其他变革管理的方法，主要在于它给人们提供了大量的选择。在许多情况下，人们享有完全的选择自由，选择他们是否、如何、何时参与到欣赏式探询流程中来。人们可以选择参与最开始的肯定式主题的挑选或访谈，然后退出。或者相反，可以选择在行动团队成立时参与一个他们感兴趣的项目，它也许在"发现"环节完成很久以后。总之，当人们感到好奇、被激励，或者受到一个任务、活动或未来梦想的鼓舞时，他们就可以选择参与其中了。

一个关于客户解放的故事

在为期三天的欣赏式探询峰会的最后一天，有一位客户在一个自组织的会议上忽然站起来，邀请大家为她的一个项目的下一步计划做头脑风暴。她的这一要求和自由选择行为似乎超出了峰会的范畴，与峰会发起者毫无关系。她是作为利益相关者中的客户被邀参会的，是为客户系统做组织设计。峰会发起者对她的提议感到惊讶，但还是决定顺其自然，支持该组织近 12 名成员加入了她的一个小时的工作会议。后来，该组织的领导人反思说："她的项目与我们毫不相干，但是，又密切相关。我们需要给那个项目提出意见和建议，如果不是在这样的环境下，可能永远也做不到。现在，在她接下来要做的事情中有了我们的印记，我们的友善也永远留在了她的记忆中。"

重要的交谈——八个原则总结

总体来看，欣赏式探询这八个原则说明了一个简单的信息：欣赏式探询是关于重要事情的交谈。过去，我们头脑中的第一反应就是称之为"能带来改变的交谈"，但经过反思，我们得到当前这个叫法。"重要的交谈"这个短语明确说明了欣赏式探询的威力就是给事物带来生机——真正使事情变得重要。这也说明，欣赏式探询谈话是关于"什么对人们最重要"的对话。最好的交谈——探询、对话、讨论和辩论，其结果都是使组织和员工的最大潜力得到实质性的开发。

这种重要的交谈恰恰是它不存在的时候更能显示出威力，比如，在一个传统的组织中，沟通常常是单向的。遵循设定好的指挥管理系统，由高层人员之间讨论创建组织未来，然后再沟通给他们的下属，希望有忠诚的员工能够贯彻下去。他们规划组织愿景、价值观和战略，然后系统化地把他们的计划传达给组织成员和利益相关者并让他们接受。

在这个沟通体系中，领导者期待组织的大部分员工、客户和利益相关者都能全部接受所传达的信息和观念。而那些工作在第一线和离客户最近的员工并未参与规划流程，也没有机会发言，结果，这些单向谈话导致员工士气低落、耳目闭塞、无责任感，生产出低质量的产品，不能完成目标，并以主管对待他们的方式对待客户。

相比之下，运用欣赏式探询，这些谈话就可以把单向的和自上而下的沟通方式转换成开放的全系统对话。欣赏式探询戏剧性地改变了"谁与谁说什么"，在看似不搭界的人之间进行真正的双向探询和对话，例如，高级经理和机器操作工之间、客户和员工之间、职能部门和他们兼并的部门之间展开对话，并把人们的能量和精力集中在他们认为有价值的事情上。这样做，扩大了正向可能性的范围。

在整本书中，你会读到在全球范围内有关商业、政府和非营利机构领域的重要谈话的故事。你会看到怎样结合这八个原则形成一种高度即兴的正向变革实践——一个让人和组织从失望走向希望的过程。

第四章

欣赏式探询的操作：

从起源到目前的实践

自 1985 年开始，欣赏式探询已在全球范围内得到广泛认可，被称为"当今最流行的变革方法"。当大卫·库珀里德开发欣赏式探询时，他并不知道，也没想过要为组织变革开辟一个大胆而全新的领域，然而，结果却是如此。

在过去的几十年里，欣赏式探询逐渐成熟起来，从一系列的组织尝试发展成为高度成功、可持续的哲学思想和正向变革实践。正如这一章里的故事所讲述的，世界各地的许多组织都把欣赏式探询融入它们的业务当中。在使用欣赏式探询四到五年后，它们在财务业绩、客户满意度和员工敬业度方面都取得了正向的成果，它们的成功为这个持续成长的领域增添了新的知识、创新理念、实践实例和实用工具。

这章的内容从欣赏式探询的诞生开始，讲述积极心理学的出现，这与欣赏式探询有相似之处。用几个案例研究说明了欣赏式探询流程的威力以及取得的非凡成果。

在本章最后，介绍了亨特窗饰公司时尚部的案例。你将了解到公司从成立到快速成长再到文化转型的过程。

欣赏式探询的起源

欣赏式探询诞生于俄亥俄州克利夫兰市凯斯西储大学的韦特海克管理学院，源于大卫·库珀里德与他的导师的合作。当时大卫还是一名研究生，在为一家世界级医疗保健机构克利夫兰诊所做咨询时，他们开始尝试有别于传统的行动研究技术的方法，结果令人惊讶。

他们没有对组织中什么有效和什么无效进行探询，而是只专注于分析那些能够提升组织效率的因素，结果意义深远。

访谈鼓励人们以最好的参与方式强化有关组织成功的故事。在其他情况下，访谈鼓励人们为他们过去的经验赋予新的正向的意义。探询的消息迅速传播开来，而且渗透到了组织内部的日常谈话中，大家都在探讨组织的强项、组织最精彩的方面和组织的成效。探询本身使人们更加关注和重视他们开始探索的行为。基于这个发现，得出如下结论：

> 所有探询给我们的启示都是一个赤裸裸的事实……通过建立感知线索和框架，通过提供逻辑推测，通过传递微妙的价值，通过创建新的语言，通过放大引人注目的意象和约束条件，组织理论变成了一种建设性的方法，规范、信仰、文化习惯借此改变。[41]

提交给克利夫兰诊所最初的回馈报告产生了强烈的积极反响，以致克利夫兰诊所的董事会要求把这个方法应用到整个团队中。**欣赏式探询**这个术语的首次使用是在克利夫兰诊所回馈报告的脚注里。

他们基于对人类组织规划与变革的一系列积极假设，继续尝试组织变革的乐观实践：

当人、职能、组织作为一个整体，处于最佳状态时，组织就可以也的确可以从他们的成功——正偏差中得到借鉴。当我们有目的地去问一些关于巅峰体验或最精彩瞬间的提问时，那些正偏差就会很容易识别出来。

这样的提问决定了我们会发现什么，揭示了作为基础理论的案例、故事和谈话，通过这些，组织可以了解自己的最高潜能和最佳管理绩效。[42]

库珀里德在 1985 年的毕业论文中提出了欣赏式探询理论和实践的原始概念。他和他的同事们在有关人类组织规划、行动研究、组织发展与变革的新思想的激励下，开始把欣赏式探询作为一个理论和实践引入组织变革中。

在 20 世纪 90 年代初期，作为发展国际非政府组织（NGO）的工具，欣赏式探询得到迅速发展。美国国际开发署（USAID）拨款数百万美元在凯斯西储大学建立了全球卓越管理（GEM）项目。GEM 项目使国际 NGO 的成员聚集到一起，学习欣赏式探询并将其作为组织发展的基础理论。迄今为止，已有 100 多个国际 NGO 从欣赏式探询中获益。

美国、加拿大和欧洲的企业从一开始就尝试欣赏式探询。一家大型会计师事务所将其用于领导人换届，一家大公司将其用于培训以消除性骚扰，还有一家汽车修理公司用它提升客户满意度。随着每一个尝试的成功，人们对欣赏式探询的潜力和创新实践都有更深刻的理解。

在和克利夫兰诊所一起工作了 12 年以后，库珀里德和他的生意伙伴黛安娜向 GTE 的一个 250 人的团队介绍了欣赏式探询。时任电信部总裁的汤姆·怀特刚刚讲完话，一位年轻人就举起手说："你知道你在干什么吗？你正在展开一场正向的变革！你正在给我们提供工具，让我们借助它向前进，这是一场不可阻挡的正向变革！"的确，欣赏式探询在 GTE 展开了一场正向的变革，使 GTE 在 1997 年获得了美国培训与发展协会（ASTD）颁发的卓越实践奖（变革管理）。[43]

从早年的尝试和欣赏式探询这个概念的出现开始，全球数以百计的组织和成千上万的人通过欣赏式探询唤醒了正向革命。现在它已成为被公认的哲学和方法论，成为组织变革的一个新兴领域。

积极心理学的出现

在欣赏式探询逐步成为组织变革切实可行的方法的同时，心理学领域也同样在重新定义和思考自己的原则和实践。1998 年，美国心理学会主席马丁回顾了一下协会的研究历史，结果令他大吃一惊。从 1970 年到 2000 年，有关抑郁、精神病以及其他形式的心理疾病的研究项目有 4.5 万个，而在同一时期，有关喜悦、心理健康、幸福的研究项目只有 300 个，心理学研究竟然如此关注疾病和病理，这个发现出乎马丁的意料。他断定心理学领域的研究已经偏离了方向，远离了初衷，它应该确定人类的优质品质是什么、治愈病人、帮助人们生活得更幸福。

他马上开始重塑心理学界的工作，抛弃"半成熟心理疗法"这个叫法，这个叫法意味着只专注于"修复损伤"。[44] 取而代之的，他提出了一个严谨的工作目标：有关"最佳人体机能和以人类强项与美德为中心的建设"的研究。他建立一个"积极心理学网络"，其使命是：

> 发现并运用在科学研究中获得的心理学知识去培养强项和美德：勇气、乐观、人际交往技能、职业道德、希望、诚实和坚毅。这样做，我们将会提升个人和组织达成最好成果的能力，帮助人们拥有最满意的人际关系。[45]

仅仅十年后，积极心理学的活动就在西方流行文化中占据了重要的地位，成为许多书籍的主题，包括畅销书《真正的幸福》[46]（Authentic Happiness），这一主题吸引了主流关注，但从前却属于另类研究领域。宾夕法尼亚大学的"积极心理学中心"促进了积极心理学的研究、培训、教育和传播。[47] 同样，"应用积极心理学硕士"[48]（Masters of Applied Positive Psychology, MAPP）和"真正的幸福辅导"项目[49] 在国际上共同培训了 1000 多名专业人士，共同教授积极心理学的理论、评估、介入和练习。显然，积极心理学在国际心理学界有日益增长的势头。为什么如此？似乎心理学家和组织发展顾问一样，已经认识到人类系统是朝着他们研究的方向发展的。为了给人类和社会福祉做出建设性的贡献，我们需要发展一种喜悦、希望和健康的词汇。伴随着欣赏式探询，朝着积极心理学方向的加速转变可能会彻底改变我们的生活和工作方式，规划我们的家庭、社区和业务。

正向偏差的力量

一个对 200 万人的生活产生深刻影响的项目使得欣赏式探询在社区发展领域广泛传播。这个在《哈佛商业评论》中报道过的项目是一个"拯救儿童"项目的一部分，该项目的目的是改善越南乡村儿童营养不良的状况。曾在凯斯西储大学学过欣赏式探询的顾问们去了清化省（Thanh Hoa）的几个村庄。他们寻找被他们称作"正向偏差者"（positive deviants）的那些人——没有额外福利来源但还能找到足够的食物来维持孩子健康的人。原来，这些村民找到了一种创造正向成果的方法。顾问们很快发现，这些家庭里的母亲从附近的稻田里捡拾贝类和青菜，每天给孩子喂食三到四次，而不是通常的两次。在发现村民们成功的根本原因后，顾问们启动了一个项目——由村民们自己完成，这些村民向他们的同乡展示他们发现了的这个项目。两年之内，参与该项目的儿童中 80% 消除了营养不良。[50]

该项目的后续迭代在其他乡村和省实施，同样取得了成功。作者这样描述积极偏差的力量：

重要的是在每一个当地社区确定相关正向偏差，然后让每个人都采取那样的行动。换句话说，社区可以拯救自己。[51]

这个项目清楚地表明，有效地进行有目的的欣赏式探询具有革命性的、拯救生命的意义。当人们获得了信息和工具并发现自己的强项时，人们就会适应和模仿最好的东西。当"正向偏差者"——成功但不常见的互动模式被发现和分享时，一个社区或组织的赋予生命的知识就扩展了。

提升一个全球性组织

欣赏式探询最早在全球应用的案例之一要从美国北加州的圣公会主教（Episcopal bishop of Northern California）威廉·斯温接到来自联合国的一个电话说起。那是 1993 年秋天，联合国正在筹备纪念 1945 年宪章签署五十周年的庆祝活动。庆祝活动的组织者希望这个纪念仪式能够包含旧金山格雷斯大教堂举行的跨宗教礼拜，这也正是宪章最初签署的地点。主教斯温会协调这件事吗？

斯温接完电话后反思："尽管世界上绝大部分冲突都有宗教因素，但在过去五十年里，世界宗教领袖从来没有像联合国领导那样聚在一起，为结束冲突、维护和平而共同努力，为什么？"

他开始与他人交谈，思考各种选择，拜访世界各地的宗教和精神领袖。在五十周年庆典上，主教斯温宣布了一个令人兴奋的愿景，他想创建一个把全世界的宗教和精神领袖聚到一起的组织"宗教联合国"，为消除冲突、维护和平而努力。

斯温一直在不停地思考这件事情，他一旦承诺了创建这个全球性组织，马上就开始想该如何做。库珀里德和他的一个研究生学生就在这时刚好与主教斯温相遇了。他们想研究"联合宗教"的发展，斯温同意了，并邀请了一个欣赏式探询专业团队和他以及他的几个职员一起创建"联合宗教"。

从 1995 年到 2000 年，这个团队承担了有史以来最复杂的组织发展项目——设计和提升一个包容的、基层的、跨信仰的组织，能够在本地和全球组织活动。它就是逐渐为人所知的"联合宗教倡议"（United Religions Initiative，URI）。通过全球欣赏式探询峰会和地区峰会相结合、一个小型的组织设计团队、常规的互联网交流，联合宗教倡议（URI）被设想和设计出来，并特许成立了。

在 5 年的时间里，联合宗教倡议（URI）和欣赏式探询实践并肩成长，每走一步，这个团队都会创建流程和实践去完成史无前例的工作。为了让来自世界各地有不同宗教信仰的人参与进来，他们改进了举办欣赏式探询峰会的方法，在有宗教冲突的人之间搭建桥梁，精心设计了欣赏式访谈的问题。为了从一开始就平衡愿景和行动，他们学着用不同的议程引导差异巨大的人群。

在联合宗教倡议（URI）发展过程中的每一年都会有不同的挑战：

- 1995 年 6 月，第一次欣赏式探询峰会在加州举行，来自不同宗教、商界、教育界和社区的 55 位领导人参加了会议。峰会的主题是"呼吁行动"，针对这个主题，参会者为一个全球性跨宗教组织确定了共同愿景，并草拟了一个实现愿景的计划。

- 1996 年 6 月，两百人聚集在加州斯坦福大学的校园，为联合宗教倡议（URI）探索愿景、价值观和行动计划。随后，地区峰会分别在欧洲、非洲和南美洲举行。

- 1997 年 6 月，参加峰会的 250 人讨论撰写一部宪章。他们成立了 12 个研发小组，研究与宪章有关的问题，并为下一年的峰会及时提出建议。负责研究组织设计方案的研发小组介绍前 Visa 公司的 CEO 及混序联盟（Chaordic Alliance）的创始人 Dee Hock 加入联合宗教倡议（URI）。Hock 和他的团队上任后指导设计团队的工作。

- 1998 年 6 月，约两百人聚在一起审阅设计团队起草的序言、目标和原则。他们致力于一个名为"72 小时和平"的项目，纪念世纪之交，该项目最终在全世界十几个地方实施。

- 1999 年 6 月，距宪章签署只有一年时间了，峰会议程排得很满。两百多人出席了会议，审阅组织设计提案并给出意见。他们尝试用一些方法发起和组织"合作圈"（Cooperation Circles），这是在联合宗教倡议

（URI）组织中最本地化的部门。他们还讨论了全球理事会（Global Council）成员最理想的特质。

- 2000年6月，三百多人聚集在匹兹堡参加联合宗教倡议（URI）宪章的签署和庆祝仪式。参会者自组织，以实现联合宗教倡议（URI）的目标：**"提倡持久的日常跨宗教信仰合作，消灭宗教推动的暴力，建立和平、公正的文化，拯救地球和所有生物。"**

在十周年之际，联合宗教倡议（URI）已经在72个国家成立了四百多个合作圈，有二十多个多区域集群。包括青少年和儿童拓展、环保项目、经济发展、和平建设以及有关艾滋病毒和艾滋病的工作，联合宗教倡议（URI）的活动每年都会吸引全球超过一百万人参加。此外，该组织目前还像一个教育中心，为寻找世界宗教和平建设信息的人们提供服务，它也是"联合国国际和平日"的积极支持者。

联合宗教倡议（URI）执行董事查利斯·吉伯相信，在发现欣赏式探询的过程中：

一个组织应该体现出我们认为它应该体现的价值，联合宗教倡议（URI）找到了一个创建这样的组织的流程。这些价值观的核心是对跨信仰合作本质的信念，即尊重、赞美、多元化和不断努力发现共同愿景，为创造一个更好的世界共同行动。[52]

在与世界各地的联合宗教倡议（URI）成员的伙伴关系中，我们把欣赏式探询的领域延展到跨信仰合作与和平建设。因此，宗教组织、教堂、犹太教堂和世界范围的跨信仰团体都在使用欣赏式探询做组织发展。

快速变革能力

多年的经验证明，欣赏式探询是一个能够提升组织的加速正向变革能力的流程。通过把组织的所有利益相关者聚集在一起并使用欣赏式探询，可以构建出共同愿景，做出决策，并在相对较短时间内采取行动。当整个系统参与组织正向核心探询时，很容易迅速发生意想不到的改变。

没有什么比巴西库里提巴的营养食品公司的案例更能清楚地证明这一点了。当创始人 CEO 劳瑞斯第一次了解欣赏式探询时，公司正处于资金不足、面临严重挑战的阶段。但他相信，要想扭转局面，组织必须具备关注员工成长和促进加速组织学习的能力。

带着这个动机，他着手用欣赏式探询做了一个大胆的尝试，举办了一个全系统峰会。他把公司的一个仓库改成了一个巨大的会议室，搬走食品加工和包装设备，搬进来椅子、挂图、一个舞台和麦克风。他把 700 名员工及几十位客户、供货商召集到一起，花了 4 天时间，用欣赏式探询的 4–D 循环厘清了组织的目标和短期运营战略。

大会立即取得了成功，这让员工有机会讨论他们应该为扭转公司局面做些什么，也给公司未来的业务带来了活力和热情。在6个月的时间里，公司实现了利润400%的增长，员工满意度也得到显著提高。

劳瑞斯和他的领导团队决定重复这个有效的过程：他们提议把全系统欣赏式探询峰会作为年度会议。他们继续邀请全体员工，包括更多的客户、供货商和感兴趣的外部人员来参会。每年，他们都探讨更重大的有关组织意义的话题，比如组织目标、战略、架构、治理和战略性社会责任。随着工作的展开，结果令人吃惊：

- 销售增长66%。
- 利润增长442%。
- 生产力提升42%。
- 员工满意度达到95%。

另外，由于重大变革的快速实施，公司费用也显著降低。例如，在2000年，公司进行了企业资源计划（ERP）系统的转换，ERP系统转换通常平均需要一年半到两年的时间，而这家公司仅用6个月就完成了。这个意外收获所带来的费用节省是前所未有的。

营养食品公司最近被评为巴西一百家最佳公司之一。劳瑞斯相信这一成就和其他成就已经从欣赏式文化和平衡人、环境和利润的不懈努力中自然流淌出来。在 5 年的旅程中，营养食品公司一次又一次证明，欣赏式探询提升了快速变革的能力，它创造了组织的敏捷性——在当今混沌的商业环境中，这是一种战略强项。

通过员工敬业度达成最佳财务业绩

有些公司做了一些最大胆的尝试，用欣赏式探询来提升财务业绩。当陆路快运公司的高管发现欣赏式探询时，他们意识到这是一个实行变革的有力途径，通过它，可以实现提升公司各层级员工敬业度的愿景。为了验证这个假设，他们在四个大的战略地区用欣赏式探询峰会的形式进行了尝试。阿克伦 211 就是其中之一。这个活动的目的是**通过员工驱动的投递量取得成功：神速投递，提升员工的自豪感和参与感**。在峰会期间，每个职位和每个层级的员工都参与了欣赏式访谈，描绘出正向核心，并自组织成机会小组，在小组中撰写愿望宣言。最后，他们组成了 8 个主题团队，以确保峰会的目标持续达成。

接下来的几个月，这些主题团队为了取得成功自己组织起来，他们从每个主题团队中选出一个人成立了一个指导委员会。这个指导委员会每月开一次会，回顾进展，评估提案，协调资源，并监督以避免重复工作。他们还制定了一个流程，通过小型专题峰会让更多的员工参与进来。在第一年，他们希望超过半数的员工能够参与到访谈、峰会或主题团队活动中。

毫无疑问，陆路快运公司达到了他们最初想要的提升员工敬业度的目标。但是业务方面的结果怎么样呢？一个主题团队跟踪了业务进展，首先让员工了解物料的实际成本，然后大家一起探讨怎样可以做得更好。通过前 5 个月的努力，这个团队达成了一系列他们所说的"小赢"，即小成功。

- 垫舱物料成本降低了 31.6%，共节省开支 4100 美元。
- 滑道成本降低了 66%，共节省开支 7600 美元。
- 气囊成本降低了 53%，共节省开支 60000 美元。

然而，这个团队的成功之一是惊人的财务业绩。在参加完峰会以后，一名司机和一位技工开始着手解决司机延误的问题。在调查中发现，很多延误都是因为超载。当司机等待卸除超重的货物时，服务质量就受到负面影响，最终货物运输量就降低了。当他们更仔细地审查这个问题时，发现超载与车队的一些牵引车上的油箱大小有关，这个型号的牵引车加满油时比其他车重很多，结果就显示超载。

这个团队认识到，要么少加油，要么少装货。于是他们把一个普通的燃油棒改装成一个定制的燃油表，在加油的时候把这个燃油棒放到油箱里，当碰到标记线时，加油就会停止，这个简单的解决方案避免了超载的问题。然而，更重要的是，它还调整出拖车内更多的空间，增加了 2800 磅的货运量。结果，货运这个终端环节每月可节省近 10000 美元。

由于这次以及早期的欣赏式探询都如此成功，公司在那之后的一年里，把这个方法推广到了另外 5 个战略地区。这个经验表明，欣赏式探询为员工提供了许多机会，去发现和产生无数个创新和有益的想法，并代表组织付诸行动。

一种新的忠诚

随着欣赏式探询的发展，它的应用也扩展到员工满意度、员工保留和员工忠诚度等方面问题。比如，它经常用来降低员工流失率。对员工保留条件和原因的探询帮助许多公司成为当地或同行业中的最佳雇主。拉夫雷斯健康管理公司（Lovelace Health Systems）在解决员工高流失率问题上是一个很好的例子。

2001 年初，位于阿尔伯克开的拉夫雷斯健康管理公司被护士的高流失率所困扰，流失率基本和全国平均流失率一样高，每年 18%～30%。带来的后果是各种运营方面的挑战，包括人手不够、职位空缺、员工和供货商士气低下，不断招聘新人，严重影响团队合作。负责医院运营的副总裁戴维斯承诺采取一种全新的积极的方法化解这个危机，这个方法还要符合拉夫雷斯的愿景："成为得到关爱和给予关爱的最佳地。"当她了解了欣赏式探询后，她知道这就是她想要的方法。

她申请并获得了罗伯特伍德约翰逊奖学金（Robert Wood

Johnson Fellowship），这需要有一个领导力项目作为课程的一部分。于是她选择护士保留这个问题作为她项目的核心，用欣赏式探询做方法论。她这个项目的目的很直接也很刺激：**发现护士留在拉夫雷斯（Lovelace）的原因——而且收集这些信息的过程本身就是正向的，尽量减低负向性。**

在有 300 多名护士的医院里，40 名护士进行了 100 次欣赏式访谈。经过几个月的探询后，举行了一场小型峰会，从故事建构意义，并通过后面的 4-D 循环向前推进。峰会结束时，行动小组为"护士庆典日"策划了很多项目，如招募和保留、员工培训持续沟通，还有基于故事的认可系统。

负责该项目的顾问苏珊·伍德描述这个项目立竿见影的效果：

> 欣赏式探询培训提供的价值超越项目本身，它影响了人们如何运用提问、如何评估事物、如何处理困难的局面和谈话。它以清晰而正向的方式改变了人们的日常谈话（hallway talk，走廊里的谈话）。
>
> 同时，护理过程中的爱心得到提升。这个流程释放了护士的能力和能量，让他们认识到了自己在整个组织中的价值，也让他们有了高度责任感，达到自我满足。

另外，医院还追踪了护士在满意度和忠诚度方面较大的改变。在不到一年的时间里，他们记录了在年度环境调查中护士这部分的结果的改善，分数从 11 到 22。员工沟通方面是改善最大的，在员工保留方面提高了 13 分。一年的时间，员工流失率降低了 30%。此外，在 18 个月里，根据患者满意度测量的排名，患者对护理的满意度从 30% 提升到 40% 多。

欣赏式探询使拉夫雷斯的护士有机会做他们最擅长的事——关爱患者和家庭，现在他们也相互关爱。欣赏式探询让他们个人和集体都发挥最佳状态，也让他们有信心相互依赖。

医疗领域有越来越多的公司使用欣赏式探询，拉夫雷斯健康管理公司的这个项目是其中之一。家庭诊所、主要医疗中心、辅助生活中心和大学医院都使用了欣赏式探询，同样都取得了成功。

欣赏式探询：一个领域的诞生

从 20 世纪 90 年代开始，欣赏式探询受到追崇，一部分是因为它肯定的立场，一部分是因为它能达成结果。2001 年秋天，就在 "9·11" 事件之后的几个星期，包括我们在内的 22 位欣赏式探询的创新者主办了第一次国际欣赏式探询大会，来自 9 个国家的 500 人聚集在一起，分享他们使用欣赏式探询的故事，并听取欣赏式探询思想的引领者们带来的新的理念和成果，他们是大卫·库珀里德、黛安娜·惠特尼、简·沃特金斯、吉姆·路德玛、芭芭拉·斯隆、弗兰克·巴雷特、玛吉·希勒、伯纳德·莫尔和埃达·乔·曼。两年后，第二次国际欣赏式探询大会吸引了更多的人参加。

在第三次大会召开的时候，欣赏式探询已成为罗伯特·奎恩所说的"在组织发展和变革管理领域的正向的革命"。[53] 欣赏式探询这种完全肯定的方法——关注识别和培养强项，已被广泛认可并给人类和组织变革带来了价值，就像积极心理学、正向领导力、正向组织学术研究这些并行发展的领域所显示的那样。

近几年来，组织发展文献已经开始反映出**新事物**正在展开。例如，在题为"修正组织发展"的文章中，杰维斯·布什和罗伯特·马沙克提出："一种不同的组织发展实践已经出现……它基于不同的哲学观念，而不是基础的组织发展理论和实践。"[54] 他们把欣赏式探询称作"最清晰表达的（新）立场"，还进一步称其为"对话式组织发展"。

很多500强企业、五大咨询公司、宗教派别，甚至联合国都已经用欣赏式探询进行变革和驱动结果。目前世界各地用多种语言在研究生课程和研讨会上广泛学习欣赏式探询。顾问和组织现在已经擅长各种应用，从大规模组织变革到领导力发展、评估、教练辅导，甚至育儿都采用这种方式。实际上，这本畅销书第二版的出现，就证明了欣赏式探询在各方面都已经成熟了。

欣赏式探询从一开始就是协作性的，它通过从业者和学者之间的思想交流而不断成长，受到"欣赏式探询公地"（Appreciative Inquiry Commons）的支持，这是"一个全球门户网站，致力于学术资源和欣赏式探询实用工具的全部分享和快速发展的**正向变革**"[55]。在这个领域里，巨大的价值蕴含在理论和实践相互依存的发展中：好的理论推动实践尝试，反过来，实践尝试又生成人类组织和变革的新思想，本章中的案例常常作为学习和发展的资源被分享。

介绍亨特窗饰时尚部

现在我们来介绍亨特窗饰时尚部（其故事将编入本书的其余章节）。从 1997 年开始，亨特窗饰完成了三个单独的 4-D 循环，旨在解决三个不同的变革议程。

第一个项目命名为"聚焦 2000"，以文化转型为核心；第二个聚焦战略规划；第三个项目叫"聚焦卓越"，核心是开发便利客户的业务流程和业务流程改进。在这三个项目中，参与者都经历了完整的 4-D 循环。

由于多种原因，我们选择用亨特窗饰的案例来阐述这个概念。首先，它讲述了一个全系统 4-D 对话的故事，故事中不仅有员工，还有客户、供货商和社区成员。其次，它展示了欣赏式探询对人和组织的影响——探询如何导致创新。此外，它还展示了怎样把相同的基本工具和流程运用到不同的变革议程中。最后，它展示了欣赏式探询的延展性和即兴发挥的特性。总之，亨特窗饰的案例说明了欣赏式探询能做的最好的结果是什么。

还是让我们从起点开始，探索一下最初到底是什么让亨特窗饰与欣赏式探询结缘的。

起点

20 世纪 70 年代初期，一个寒冷的夜晚，在马萨诸塞州一座四面透风的维多利亚式大房子里，一个小伙子在床上冻得瑟瑟发抖，那正是能源危机的中期。全美所有住宅和办公楼的恒温器都关闭了。开车的人都对汽油短缺咬牙切齿。每个人都在关心怎样节约能源。

一位年轻的发明家柯斯琢磨着怎样把窗户遮上——把热空气留在里面，冷空气挡在外面。当他在思考这个难题时，发现其中一个窗户上的双层窗帘是由一系列褶皱连接的，空气被隔绝在褶皱之间：一个类似蜂窝的构造起到了隔热的效果。他抓住了这个偶然的发现，第二天就开始尝试。很快就有了一款让公司和行业都发生了转变的产品。

最终，柯斯带着他的产品找到了丹佛郊外的一家小型创业公司的总裁迪克，最后，他和这位总裁成立了热技术公司。很快，他们开始生产热电偶——一种蜂窝状折叠窗帘，设计成一种功能性节能窗帘。

　　他们意识到他们没有资源开发出这个产品的全部潜能，产品负责人接触了几个窗帘生产商，希望他们能够采购这个产品。最后，他们找到了亨特窗饰，一家位于新泽西的公司，在20世纪40年代和50年代率先开创了第一批铝制软百叶窗。亨特窗饰看到这款独特的窗帘，马上意识到了它的潜力，这不仅是一款功能性节能产品，更是一款令人兴奋的装饰性时尚窗饰。

亨特窗饰时尚部的诞生

　　1985年，亨特窗饰收购了有27名员工的热技术公司，建立了亨特窗饰时尚部。

　　这个部门立即开始生产并在市场推广Duette窗帘——一种独特的像温差电池一样的蜂窝状窗帘，很快就有各种颜色的柔软耐用的面料制造出来了。这款功能超强的节能窗帘也成功地晋升为一种家居时尚产品，它时尚美观，定位高端消费者。从市场营销角度看，这对窗帘行业是革命性的一步，以前的产品只基于功能，从未考虑装饰性。

　　两年后，这个部门的员工已经超过100名，但还是像"夫妻店"一样经营着。生产机器还是木质的，废弃淘汰后就被烧掉，预算还是用分类账簿手工计算，专业领导也是走流程。谁都认识谁——事情也莫名其妙地就做了。

后来，亨特窗饰北美公司请来了莱诺克斯（Lenox）中国的营销天才马文·霍普金斯出任新的总经理，事情开始发生变化——很多的变化。首先是出现了领带。据一个人回忆："在那个时候，我们的穿衣打扮就是不带洞的牛仔裤和带袖的T恤衫。"就像故事里说的，发明家温德尔·科亨把《科学美国》杂志里的一篇文章放到霍普金斯的办公桌上，文章描述了领带是如何减少对大脑的血液供应的，但是没用，霍普金斯并不理会。

接下来，配置了古典音乐，开关设在前台。然后，又建立了一个全面的市场营销网络，制定了公司的推/拉营销战略。一点一点地，装饰时尚部的高端形象树立起来了，甚至整个高端组织的形象树立起来了，表明这是一个值得关注的公司。

在这个部门打造自我形象的同时，Duette®像火箭一样腾飞了，这款产品取得了空前的成功，重新引起消费者对窗帘的兴趣，这个行业已经有十年没出现过意义重大的新产品了。1998 年，零售额飙升至约 3 亿美元。这同时也导致公司的复杂性明显增加。

几年后，该部门推出了第二款独特的专利产品，前期销售火爆。它的特点是悬挂在薄贴边之间的柔软纤维叶片，它看起来像纱帘，卷起来像遮阳帘，还有旋转的叶片控制光线。和前一款产品一样，这款产品获得了全国最佳设计奖，成为北美发展最快的窗饰。在新上市的两年时间里，这两款产品的利润使窗饰时尚部成了整个亨特窗饰组织中主要的创收部门。

成功带来的意想不到的后果

新的产品和蓬勃发展的市场需求使组织和领导变得日益复杂——也引来了组织里其他部门的模仿。该部门的两个总裁在同一年里被提拔，原首席财务官瑞克·佩利特担任了总经理职务。

佩利特接手了这个已经发展到近 700 人的组织，它有 3 个独立的生产线和 4 个独立厂房，计划在未来 2 年内推出另一款新产品。通过快速和成功的增长，组织已经发生了改变，但并不都变得更好了。它已经背离了当初促使成功的因素：速度、客户关系和社区意识。

为了恢复他们最初的团队精神，佩利特和他新的领导团队决定把这个部门拆分成几个独立的业务部门。但这个变革举措并没有建立起更好的社区意识，反而制造出更复杂的管制体系——更大的鸿沟，使本来就不充分的沟通还必须跨越这道鸿沟。于是，领导们失去了与日常业务的联系，生产员工也与自己部门和业务领域之外无任何接触。

除了沟通方面的巨大挑战，新的业务部门还需要为该部门每一位经验丰富的领导者提供服务。两年前才担任一线主管的员工现在要管理一个业务部门。最初促使人们成功的行为"能做"的态度和完成事情的能力都在妨碍部门发展强大的中层领导力。

新的组织架构把人们本来对目标、方向和团队模糊的意识变得更模糊了，员工的积极性和主动性都在下降，结果导致生产力下降。员工流失率增加，招聘新员工的需求达到历史最高点。从上至下，人们都非常沮丧，对组织的使命、愿景和方向都很困惑。而且，更重要的是，年度员工意见调查结果显示，员工在亨特窗饰的满意度呈下降趋势。

在走廊、餐厅和休息室里，人们都默默地回忆着美好的旧时光。我们成了谁？我们要去哪里？这对员工和领导来说不仅仅是抽象的提问，他们对正在发生的一切都感到不知所措、悲伤和困惑。领导人最终做了正确的选择，他们开始寻找方法，重新找回他们失去的东西，并基于组织过去最好的方面构建组织的未来。

有关亨特窗饰的介绍到此为止，第五章将继续讲述。

第五章

欣赏式探询的启动

在一个组织里，做好了大量的前期工作，才能启动欣赏式探询的 4-D 循环流程。这就是我们说的"启动"。在这个环节里，不同的组织要求不同。有些组织希望能按它们的节奏快速启动。有些组织想要一个详细的流程图，预先确定衡量结果的方法，并在启动前明确领导的角色和责任。然而，通常有一些决定是所有组织都要面临的，这一章就是为这个初始过程提供指导。

在这章里，你将看到为了"启动"要做的基本决策，以及每个步骤的建议，关于建立"顾问团队"、关于确定欣赏式探询项目的规模、关于制定"探询战略"、关于如何让大量的人参与长期的欣赏式探询流程。最后，你还会读到更多有关亨特窗饰的故事，以及他们是如何启动欣赏式探询流程的。

"启动"中的关键决定

在"启动"环节中，有一个决定比其他所有决定都重要，那就是：决定进行欣赏式探询。一旦组织做了这个决定，其他人都要跟进。除了决定做欣赏式探询以外，组织还需要做各种大局观的决定，关注项目的能动性和规模，为整体工作制定战略，这样，就为整体流程建立了参数。欣赏式探询的启动要考虑的重要因素包括：

■ **欣赏式探询适合我们吗？** 我们准备好了用一种完全肯

定的方法去改变吗？我们真的愿意学习吗？

■ **我们的变革议程是什么？**我们想要创造什么？我们是在转型文化、合并组织、创建战略愿景和方向，还是改善业务流程？

■ **谁将服务于我们的顾问团队？**正式领导和非正式领导中有谁需要参与？谁能提供资源？谁有影响力？谁愿意参加？我们如何在团队中代表整个系统？

■ **我们的顾问团队需要什么培训？**他们是具备了足够的欣赏式探询访谈经验，还是需要更多经验？

■ **我们采取什么样的参与形式？**考虑到我们的变革议程、紧迫感、资源、业务、文化，对我们来说进行欣赏式探询最好的形式是什么？

■ **我们的探询战略是什么？**我们的探询什么时候开始？谁来支持、参与哪些部分？我们用什么流程做访谈？我们通过什么流程来梦想、设计和实现系统的持续改变？

■ **我们将如何以及何时把欣赏式探询引进组织？**我们怎样最好地启动项目？人们想知道和需要知道什么？我们用什么方式引发人们的兴趣、兴致和动力？

决定进行欣赏式探询

当人们第一次听说或体验欣赏式探询的哲学和实践的时候，

就开始考虑进行欣赏式探询了，他们也许是读过一篇文章，参加过一个简报会，或者只是在另外一个组织、部门或同事身上看到了欣赏式探询的效果。欣赏式探询激发了人们的好奇心，这是因为它的结果无疑是正向的，方法又如此独特。当人们听说了欣赏式探询，往往就想了解更多，它到底是什么以及是如何工作的？根据我们的经验，让组织决定做欣赏式探询的首要媒介是一个完美的介绍会。

介绍欣赏式探询

介绍会可能需要花几个小时或几天的时间，会邀请一组高管或者一组来自组织所有部门的人参加。不管听众是谁，这个介绍会都要达到两个目的：一是让听众了解欣赏式探询的哲学和实践，二是说明决策者探索的对他们组织有益的欣赏式探询方式。以下是介绍欣赏式探询的一些技巧：

- **包含整个系统**。介绍会和任何使用欣赏式探询的决定都要尽可能包含不同的群组。最起码要包含传统的领导者和非正式的意见领袖。最好的情况是包含一个组织的缩影，里面有不同职能、级别和任期的人，以及来自社区和利益团体的人。通过让整个系统参与介绍会，就会让组织体验到全员参与的力量。与此同时，把积极正向的参与者代替组织的流言蜚语，然后开启把组织内部对话从负面转向希望的长期流程。

■ **促进访谈体验**。介绍会可能是简单围绕 4-D 模型设计的，但一定要包括一个欣赏式访谈，无论多么简短。小型访谈让人们尝到权力的滋味——影响力，一名高管把它称作欣赏式探询的亲切感。一个行之有效的方法是让人们和不太熟悉的人结成伙伴关系，然后回答这个问题：在你的工作、组织和个人生活中，高峰经验或者最精彩的是什么？

体验小型访谈会激发一种有意识或无意识的重新创造高峰经验的渴望，它将朝着有效的方向前进。它清楚地证明了欣赏式探询可以在不同的利益相关者之间建立关系。小型访谈的四个核心问题可参见第六章的图 8。

即使客观环境要求我们修改介绍会的形式，我们也坚定地坚持让人们体验小型访谈。例如，当埃森哲公司的领导参加他们 4 个小时的介绍会时，10 个参会者中的两位原是通过电话参加会议，我们在公司的网络上和公司会议室的屏幕上放映了 PPT 幻灯片。做访谈的时候，我们突破了办公室空间，4 个人通过电话采访了另外 4 个人，虚拟访谈的回馈非常积极，在芝加哥办公室引发了如何把欣赏式探询用于设计"未来工作场所"的探索。

■ **介绍原则和 4-D 循环**。当介绍欣赏式探询的原则和 4-D 循环时，可以找到一些方法让这个过程更生动，比如讲故事。让自己了解其他组织的故事，这些组织已经成功运用了欣赏式探询，这恰好也是参会者考虑要用的方式。讲故事的方式可以是直叙、文章、录像，或者是嘉宾演讲。即使在商业和企业环境中，也要大胆，在社会公益组织和非政府组织以及商业领域中分享欣赏式探询。

故事使欣赏式探询的原则和实践变得生活化，帮助人们体验思维的转变：从解决过去的问题转到期待和关注未来。故事会让人们认清并理解欣赏式探询与他们之前的组织变革经验为什么不同。故事还会激发新的对话，给人带来耳目一新的体验，谈论成功、最佳实践、对未来的梦想，这些都是做计划的基础。总之，故事鼓励人们想要了解更多的东西。

■ **关注应用**。给参会者足够的时间去考察欣赏式探询的不同形式，让人们参与实时对话，讨论欣赏式探询是否有意义，以及为什么，然后让他们反思，怎样在他们的组织、部门和社区中应用欣赏式探询。

当他们考虑如何推进的时候，鼓励他们对确实有需求的事情做欣赏式探询，而不是创造一些"模拟的节目"。例如，绿山咖啡公司在欣赏式探询介绍会上就考虑了各种各样的应用，从战略计划到纯粹的文化变革。最后，他们找到了一个方法使这两方面都得到了提升，同时还对业务流程的改善产生了直接的影响。

促进做欣赏式探询的决定

在任何可能的情况下，即使是最简短的介绍性演示，最后也要有一些谈话来决定"做与不做"。一旦决策者体验了欣赏式探询的流程，想象了各种各样的方法，考虑在组织内应用，他们就准备好了思考下一步的问题：**我们准备好了用一种完全肯定的方式去改变吗？我们对探询个人和组织的学习和改变是持开放态度吗？**答案可能是"是""不是"或者"也许"。这时候，参与者可能会决定在有限的基础上继续往下进行，或者再搜集更多一些信息。

如果你的客户在决定继续往下进行之前想搜集更多的信息，就和他们分享一些相关的联络信息和数据，说明他们接触并了解其他组织的成功经验。如果你的客户已经准备好马上就做，就帮助他们明确下一步该做什么，自组织起来，着手开始行动，并安排一个启动计划会议。

启动，一步接一步

根据项目的规模和范围不同，启动可能需要几天、几周或几个月完成，在这个快速变化的时代，建议不要花费太长的时间。图6总结了在这个阶段的五个步骤，前两个步骤的重点是建立和培训顾问团队，使他们有能力领导这个项目。一旦顾问团队成立，下面的步骤就是他们的职责了。

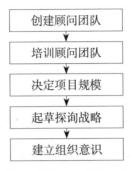

图 6　启动，一步接一步

创建顾问团队

一旦客户确认要做欣赏式探询，马上就组建一个 8 ~ 12 人的"顾问团队"，最好由不同职能、级别和专业的人组成，他们一起可以代表整个组织。他们的多重背景可以增加思考的深度和广度；多重技能可以激发实施过程中的创造力和多样性；多重视角会让他们设计出有意义的并能鼓励更多人参与的行动计划。

顾问团队成员无论背景如何，都具备若干个无形的资格。理论上讲，他们尽管没有相关的头衔，但都是非正式领导者，是应当受到探询参与者尊重的人。即使没有接受过正规培训，他们的人生观和品格也一定是与欣赏式探询相符合的。他们对项目的目标和结果感兴趣并敢于承诺，愿意参与。最后，他们由组织的正式领导授权，实施探询和变革。

顾问团队的作用是带领组织有计划地迅速进入未知领域——通过激发人们的好奇心和想象力以及提升体验意愿使他们参与进来。顾问团队的所有成员要共同做出具体的决定：谁参与该项目、以什么方式、达到什么目的。

尽管顾问团队成员在这个项目中的日常职责各不相同，但他们的总体目标和职能始终如一。通常，他们设计、启动和维持组织的动力，必要的时候，随着参与的进展，调整和改变方向。他们这样做的目的是确保项目全程都能得到及时的支持，包括做若干个启动的决策，并通过各种支持性活动持续给这些决策提供支持。

顾问团队的职责包括以下几个方面：

■ **决定项目的规模**。顾问团队的首要任务是明确想要的变革议程——通常指的是目的和结果。接下来，选择一个欣赏式探询的整体方法或者参与形式，最后，设计一个可以达成整体目标的探询战略，最后这项活动涉及回答一系列附加提问，在本章后面的部分有详细说明。

■ **建立意识和支持**。顾问团队在任职初期要决定怎样为该项目建立组织意识和支持，这涉及对流程的介绍必须足够详尽，以保证人们能够理解和支持。

有些顾问团队通过给项目设立一个品牌或取个名字来建立支持——比如："两个词的力量""就是要更好""聚焦2000"。有些顾问团队则通过给所有员工一封信、餐厅里放录像、小组会议或大型启动会来开启这个流程。

■ **保持沟通顺畅**。尤其是当参与时间较长时，顾问团队始终都要保持及时、可靠的沟通，这样的沟通保证了连续性，加速了整个组织内部的学习，并保持了大型活动与项目的动力。

　　项目一旦启动，顾问团队就要充当代言人——分享信息、听取回馈、推动进程。另外，他们要确保在各部门和工厂会议上做正式演讲时，有源源不断的引人入胜的个人故事进行交流，还有录像、简报、横幅、海报和按钮广告（buttons）。在有些情况下，顾问团队会指定一些子小组（subgroup）执行这些活动。

■ **保持流程的完整性**。根据项目的复杂性，多个小组的人可能会同时处理不同的任务和活动，这样的话，顾问团队就要成为项目整合者：随时了解各个不同小组的活动和资源需求；确保每个小组都以其他小组的工作为基础，而不是对抗的；促进小组间的活动及整体探询目标的一致性。

■ **成功的教练辅导**。顾问团队的一个重要责任就是提供持续的教练辅导，以确保欣赏式探询的成功。我们建议顾问团队讨论一下，对于一个欣赏式探询流程来说，教练意味着什么。通常我们提供一些技巧：

　　创造平等的发言机会。保证所有人有公平的发言权——尤其是那些声音不常被听到的人。做一个尊重和倾听他人的典范。

关注正向肯定的方面。有意识地寻求、挑出、建立和强化那些有关什么是可行的故事，使人们的正向对话和负向对话比例至少达到2:1。

帮助人们发自内心地表达。分享那些根植于你个人经历的希望、梦想和激情，鼓励他人也这样做。

放弃权威。察觉自己的专家倾向，不管别人怎样对待你，你都要把自己放在支持他人的位置。用提问帮助他人发现自己的智慧，表现出你相信他们有能力自己做决定。

确信他们会成功。关注人们所做的正确的事并公开认可。帮助人们做出他们想做并能信守的承诺。将他们与资源对接，包括那些能够用专业技能支持他们达成目标的人。

培训顾问团队

为了履行好职责，顾问团队的所有成员都要参加三到四天的培训，了解欣赏式探询哲学和实践。参加培训项目也是团队建设的过程，帮助成员相互了解，建立正向的信任关系，分享对组织的希望和梦想，让成员因此也成为组织变革之旅的领导者。

我们建议，只要有可能，尽量让顾问团队参加公司外部的欣赏式探询培训，尽管内训也是有效的而且节省费用，但外部培训对长期项目的成功有重要的参考价值，益处包括：

■ 给团队成员空间和时间建立互信关系和相互学习。

■ 教给团队成员有关欣赏式探询哲学和实践的基础知识，以及各种已经得到验证的和最前沿的应用。

■ 帮助团队成员认识到，作为一个团队，他们正在为一个更大的组织系统工作。

■ 把团队成员放在一个更大的欣赏式探询从业人员社区中。

■ 给团队成员时间，规划他们流程的第一步。

如果你选择内训，就尽可能多地复制外部培训的情形，制定一些基本规则，避免他们受到日常工作的干扰。分享其他组织成功的故事和感悟，做一些准备工作和实地考察，让人们接触和了解到更大的欣赏式探询领域发生的一切。请外部人员到培训中来，以感言的形式分享他们的故事。

确定项目的范围

启动流程中的下一个重要任务是明确你要探询什么，要达成什么结果。我们在前面把这个称作"明确变革议程"和"选择整体参与方式"。第二章"欣赏式探询的方法"为二者提供了选择。

致力于一个变革议程

此时，顾问团队和组织的高管团队要共同商讨确定总体变革议程。全面考虑组织的各个方面，为欣赏式探询打下坚实的基础。这个项目是要像英国航空的价值启发者（Value-Inspired People）

项目一样关注在员工身上，还是要像加拿大嘉纳泰尔（Canadian Tier）公司的项目一样关注在客户身上？顾问团队和组织的高管团队要共同选择一个对组织有重要战略意义的变革议程。

一个变革项目的开始，总体目标必须清晰表述。请参考以下使用过欣赏式探询变革议程的案例：

- GTE 公司的文化转型，详见第二章。
- 墨西哥雅芳公司的跨性别工作关系，详见第九章。
- 内华达州的州儿童福利机构和县儿童福利机构的合并，详见第三章。
- 拉夫雷斯健康管理公司（Lovelace Health Systems）的护士保留，详见第四章。

根据我们的经验，如果变革议程一开始就不清晰，就会随着时间的推移越来越模糊，会给组织成员带来不必要的混乱和困惑。一个清晰的变革议程可以整合和协调部门及其职能，在组织成员间建立信任感。

我们经常被问道：在有冲突或有争议的情况下如何使用欣赏式探询？答案就是：制定一个清晰的变革议程，超越冲突和争议，推动合作。

在最近一次"欣赏式探询基础工作坊"（现名为"欣赏式探询的威力工作坊"）中，一名正在和组织中多个有冲突的部门协调的顾问问道："建立沟通和合作的最佳方式是什么？我们是应该关注他们之间的关系还是其他方面？"这个公司要求和在一起工作多年，但平日相互隔绝，沟通不畅的部门加强合作，提升客户服务质量。由此，一个要求所有人共同努力达成更高目标的变革议程就清晰出现了：为杰出客户服务，建立伙伴关系。

芭芭拉·蔡尔德在与一所大都会区的教堂合作时也用了类似的战略，还包括附近其他五所同一教派的教堂。她邀请六所教堂都参与欣赏式探询流程，而不是只关注一所独立的教堂，变革议程是"在大印第安纳波利斯地区（Greater Indianapolis area）探索普救论（Unitarian-Universalism）的未来"。据蔡尔德说，结果非常积极，令包括她自己在内的所有人感到惊讶："仅仅在第一次计划会以后，人们的行为就发生了变化，开始想象新的可能性。欣赏式探询在我们的教堂会中间创造了一种合作精神，它让我们充满了喜悦、自豪和共同目标感。"

明智地选择变革议程，让所有不同的利益相关者都参与变革议程的讨论，以保证欣赏式探询的目的深入人心并得到人们对此的承诺。

选择一种参与形式

要大胆选择一种可以塑造你想要的组织的参与形式。在参与形式上越大胆，你得到的结果就越超乎想象。当你考虑用哪种参与形式开始欣赏式探询时，想一想以下问题：你想多快看到结果？你想要多少人参与？怎样让利益相关者参与？

如果你真的想改变，你选择的参与形式一定要挑战组织的现状，你必须一开始就决定对组织现状挑战到什么程度。例如，在第四章中的案例，营养食品公司（Nutrimental Food）要关闭一家工厂，700 名员工参与了欣赏式探询峰会，这对公司来说是一个大胆的举措，但这一大胆举措带来的回报是销售额、利润、生产力和员工满意度的显著增长。

制定探询战略

最好的探询战略是，随着时间的推移，以符合组织文化和资源的方式达成变革议程。确定探询战略是一个相当复杂的任务，因为需要回答多个问题才能制定出来——答案没有对或错——而且探询战略要在整个项目周期里持续展开。

不过，在启动阶段必须做一些探询战略宏观层面的选择，否则，流程永远不会顺利开始。顾问团队必须对每个提问给出自己的答案，这样做的目的是构建一个可以让正确的人以正确的方式参与进来的流程，逐渐获得动力，把组织的注意力聚焦在分享和学习最佳实践的可能性上。

探询什么时候开始？你是从"打破常规"还是从"墨守成规"中获益更多？你是在寻找长期的、更紧急的改变，还是做事方式的快速而戏剧性的转变？

一般来说，访谈越多，参与的人越多，需要的时间就越长。全系统探询，涉及几百个一对一访谈，通常需要 2～4 个月完成。你可以在公司的业务淡季安排这些探询，或者把这些探询压缩后作为欣赏式探询峰会的一部分来完成。

　　较长的欣赏式探询流程和较长的欣赏式探询峰会有其优势。随着时间的推移，较长的探询也可以与其他活动和项目并列进行，可以激发出自发的基层创新、改善和进步。相比之下，欣赏式探询峰会需要的时间较少，但成本较高，而且短期内需要更高的参与度，它能尽快启动全系统性转变，但似乎不太能引发激励、伙伴关系和行动。

　　在这两种情形中，人们都加深了自我了解、相互了解和对新的业务方式的了解，然后，他们把学到的最好的东西应用到工作中去。欣赏式访谈和峰会都顺其自然地为组织创新和改进提供了动力。

　　谁来支持参与过程的哪些部分？ 这是一个领导层驱动的还是基层员工驱动的项目？你会在多大程度上依赖志愿者与招募来的参与者？都有谁需要参与以保证成功？强迫参与往往会适得其反，所以，你一定要找到一个有创意的方式激励人们自愿参与到整个系统中来。一般来说，既要得到领导层也要得到基层的拥护和支持。要做到这一点，需要仔细规划和招募人选，尤其是在项目的早期阶段。

　　用什么样的流程进行访谈？ 谁需要和谁一起听到什么？当人们忙于这些访谈时，怎样保证业务的正常运营？怎样预防访谈者的倦怠？除了一对一面谈，还有其他对话机会吗？要回答这些问题，顾问团队需要考虑多种选择，最常用的有以下四种访谈的方法：

1. 一对一访谈。
2. 小组访谈。
3. 跨组织访谈。
4. 在线访谈。

■ **一对一访谈**。这是最常用的探询方式。一对一欣赏式访谈是一个 30～90 分钟的面对面对话。在某些情况下，比如在欣赏式探询峰会上，这是一个双向交流的过程，两个人轮流相互访谈；在其他一些情况下，一个指定的访谈者可能会进行多达 10 到 20 个访谈。

一对一访谈通常是由组织成员完成的。在大部分情况下，志愿者是从不同部门、职能和级别挑选出来做访谈者的，他们会拿到一本访谈指引并接受欣赏式访谈培训。他们要与组织里的其他成员、客户、供货商以及其他相关的人进行访谈。有关如何进行"群众总动员"式一对一访谈的更多信息，请参见第二章"欣赏式访谈的方法"。

■ **小组访谈**。在某些情况下，适当的小组访谈流程类似于焦点小组。小组访谈让所有成员都能听到彼此的想法，相互了解，发现团队的正向核心和最佳实践。欣赏式探询焦点小组可以与客户、组织内部的部门、不同的利益相关者一起进行。参与的人越多，需要的提问就越少，流程需要的时间就越长。

　　一个特别有效的小组访谈方法是"本周组织主题"。在特定的一周里，组织中所有团队、部门的例会都以与本周主题相关的访谈提问开始。小组探询的流程把发现和学习到的东西带到工作场所，并把欣赏式探询结合到组织的业务模式里。

■ **跨组织访谈**。当一个组织访谈另一个组织时，会出现一些令人兴奋的欣赏式探询方法，这主要出现在标杆学习、伙伴关系、建立联盟、合并整合。我们还用这个流程成功地解决了在同一组织里部门之间的沟通障碍。

　　在跨组织探询中，一个组织的访谈者先访谈另一个组织的人，然后互换。有时候，人们会访谈其他公司的同行，有时候访谈其他职能部门的人，这有助于拓宽他们对整个业务的理解。谈话结束后，访谈团队要准备回馈报告和演示文稿，告诉被访谈者他们的收获。报告里详细说明了他们发现的正向核心、成功事例和核心能力，以及被访谈者对他们组织未来的梦想。报告里甚至还会包含一些访谈者自己的心得体会，描述了他们学到的东西，以及和他们采访过的组织成为伙伴并为之自豪的原因。

　　跨组织探询加快了人们对整体业务的学习，把人们的思想从他们的专业领域中解放出来，帮助他们更具战略性地思考。跨组织探询为积极的伙伴关系、盟友关系以及合并打下了基础。

■ **在线访谈。**当一个组织的所有成员都熟悉了欣赏式探询以后，就可以做在线探询了，组织中任何一个人都可以发起一个探询，向所有员工开放，由此可快速搜集到处理手头业务的建议。

有些情况下，顾问设计的探询战略会结合两个或更多方法。例如，他们可以在组织内部进行全民总动员探询，同时在外部进行标杆企业学习，或者进行客户访谈和供货商访谈。

我们怎样梦想、设计和实现持续改变？我们是倾向于欣赏式探询峰会的形式，还是想在较长一段时间里采用小组形式？我们怎样让尽可能多的人参与进来共创未来？我们如何让这些人与原始数据保持连接以及与已经显而易见的正向核心保持连接？创新团队、行动组和其他致力于实施持续改变的自组织团队，他们的"保质期"是多久？

随着探询的进展，你必须通过分享个人与一对一访谈中涌现出来的精彩故事、画面、希望和梦想的直接连接找到一些保持组织整体性的方法。因为这些目标很容易通过峰会达成，所以可以选择用峰会的形式实施4-D循环的最后环节。

和访谈一样，4-D循环的最后三个环节的长期战略也受到时间和资源的限制。你会发现进行大型全系统集会简直是不可能的，所以你可以选择设计一些较小规模的流程，例如"创新团队"，保持与早期活动的连续性，产生动力，激发创造性思维，释放大量的自组织创新。

欣赏式探询是一种非线性变革方法，因此它永远不会结束，即使完成了一个完整的4-D循环。那么，随着时间的推移，你如何保持变革的动力呢？可以通过邀请越来越多的人参与实施与探询相关的创新，使利益相关者的参与人数持续增长。在团队解散前沟通和庆祝他们的成就，在培训、业务流程改进、战略和商业计划这些领域展现出对整体的持续承诺。系统化地重建系统、架构和领导力实践，创建一种支持的环境，而不是阻碍的、即兴的和自组织的。

也许最重要的是，你可以说明你的组织成员坚持践行欣赏式探询的原则和正向变革。特别是，你可以用探询、讲故事和叙事分析的方式来做决策，并且考虑、引入和认可组织变革。讲述和复述那些已经成为一种生活方式的系统变革背后的故事。

建立整体组织认知

当整个组织都了解并致力于该项目时，启动阶段就完成了。根据项目规模，你可以选择通过给利益相关者发一封信、录像、小组集会或其他一些小规模的沟通形式让整个组织所有人了解该项目。另外，你也可以选择通过一系列启动会开始这个项目——为组织所有人做一个高能量、极具吸引力的介绍，激发人们的好奇心、承诺和参与意识。如果这样的方式更适合你的风格，

可以参照以下指导原则:

- **匹配媒介和信息**。把会议设计成为对所期待的未来状态的扮演。例如,跨职能沟通的项目启动会应该包括各职能的不同参与者。
- **解释项目的目的**。用每个人都听得懂的语言和看得懂的形式。
- **描述一步一步参与到过程**。有可能的话,找个方法让每个人都亲身体验一下。
- **让人们参与关于影响和前几个步骤的讨论**。让他们认识到自己是长期整体项目的一部分。
- **邀请参与者**。帮助人们发现他们在会议中和长期项目中可以做出贡献的地方,提供适当的方式,说明他们自愿参与到需要他们的活动中去的。

一个有效的启动会不仅仅是简要的项目介绍,而是要有战略地发挥出在市场、客户服务和创新等方面的组织强项,让员工感到他们就像是受到尊重的重要客户。启动会将鼓励人们的参与,为志愿者提供各种不同方面的探询机会——从一开始就建立一个广泛的参与者群体。总之,它会促进探询,并为长期参与创造动力。

亨特窗饰的项目启动

亨特窗饰在接触到欣赏式探询时，已经开始向新的信息技术结构转型，当他们了解并体验了这种新的变革方法后，领导层决定尝试一下。下面的故事是讲述他们如何做出这个决定的。

转型第一步

为了努力找回公司在成长过程中失去的东西，亨特窗饰的领导层在 1996 年春天启动了一个传统的组织发展项目。他们聘请了一位顾问，这位顾问和总经理、总经理的直接下属、下属的下属进行了访谈，访谈的目的是找出沟通不畅、生产力和员工满意度下降、离职率升高的根本原因。他们组建了一个名为"快速行动队"的子小组，他们的工作就是分析访谈和员工调研的数据，给领导层建议纠正负面倾向的改进计划。

在"快速行动队"专注于根本原因的分析的同时，总经理瑞克·佩利特还在指导另一个团队将公司信息技术向 SAP 转换。在过去几个月里，这个团队一直在努力为整个北美组织的信息技术的未来创造愿景。于是，他们暂时离开公司，一起做了两天半的静思，共同制定组织发展战略。他们的顾问阿曼达选择用欣赏式探询流程来推动这个项目。

后来，佩利特这样描述他那次静修中的深刻经历：

> 人们比以往任何时候都要投入，他们复活了。他们开始从一种我们从未真正见过的直观商业意识源泉中汲取灵感，开始谈论和分享激情：他们未来可以达成的愿景——他们也由此为公司和世界做出贡献。
>
> 我一直是一个相当自负的领导，我知道我很聪明，我的一些最好的决策完全都是我自己做的。但是通过这些访谈和对话，团队迸发出来的想法远远超出了我们任何一个人单独的想象力。这个过程让人们在解决公司问题时变得更强大、更积极，它启动了这个项目，消除了我们在那之前的焦虑和心痛。

星期五，佩利特和SAP团队一起完成了工作。星期一，他参加了快速行动小组的一个例会，人力资源副总裁麦克·伯恩在回顾星期一上午那个不寻常的例会时说：

> 在SAP会议上，没多久我们就注意到在里克身上发生了什么。当时的情况是，我们被一些重复性

的恼人问题所困扰，里克说："我有个主意。"他首先提出了个提问：如果困扰我们的这个问题不存在，那将会怎样？然后再问我们想要创造什么。

显然，这个人已经改变了！他不是我认识了8年的那个里克了，甚至我们的顾问也注意到了一些不同，我想："就是这样，无论他们做什么，一定是有效的，我需要更多的学习。"

感到好奇的不仅是麦克和顾问琳达，"佩利特怎么啦？"已成为大家的问题，紧接着就会问："你做了什么，佩利特？为什么？"

佩利特分享了他所做的事情背后的一些原则，人们想让他分享更多，他建议大家更多地了解欣赏式探询哲学和实践，他们很快就达成了共识。

什么时候做欣赏式探询都不晚

两个星期以后，阿曼达为子小组做了2个小时的演示，结束的时候，"快速行动队"确定欣赏式探询是解决他们目前情况最好的方法，这些问题已经花了他们几个月的时间。接下来的几个星期，他们把"问题描述"转化成了"变革倡议"。最后他们向更大的领导团队汇报了他们的分析，向领导建议的解决方案是做全系统欣赏式探询。

这是一个不小的飞跃。更大的领导团队从来没接触过这个方法，他们还沉浸在"解决问题"这样的方法论中，这在过去是非常有效的。他们需要有一种令人信服的体验，亲眼看到欣赏式探询这样一个看似激进的方式对组织产生的影响。

于是，他们专门留出一天，在这一天里，他们请顾问让他们充分感受一下欣赏式探询，以了解是否适合应用和在哪里应用。这一天的议程提纲见展示1。

展示1　领导介绍会的议程

会议目的：欣赏式探询哲学和实践基本介绍，可能的应用探索
■开场和欢迎
■欣赏式探询的背景
■配对访谈（四个核心提问）
■选择主题
■提问的起草和实验
■中期学习总结
■生产设施的实地考察
■经验总结
■共同主题的回顾
■应用对话
■决定做或不做

决定继续进行

顾问通常在会议前几个小时讲述一下欣赏式探询的哲学和实践，并分享一些成功的故事。他们为参与者提供了对欣赏式探询脚踏实地的体验——首先是一个接一个的访谈，然后是一个意外的生产设施的实地考察。在实地考察中，领导们做了第二轮欣赏式访谈——这次是与生产工人。

回到会议上，他们分享了自己的经历和感想，讲述了他们与组装窗帘和操作机器的工人所做的访谈，这些在公司工作了多年的领导们显然被触动了。很明显，参与者通过这次实地考察，对自己、组织和欣赏式探询都有了很多发现。

在30分钟里，介绍会的参会者发现，一线生产线的工人和他们一样，对公司也充满了希望和梦想。尽管他们没有能力为公司构想一个有意义的未来，但他们的想法可以丰富领导层对组织未来的设想。

参会者们发现他们可以跨越管理者和"计时工"（以前对生产员工的叫法）之间的人为障碍。这是市场沟通主管11年来第一次来到生产一线。

他们发现可以和以前没有任何关系的人建立人情关系。当另外一个业务部门的一位印刷工谈到她丈夫一年前做开胸手术得到了同事们的帮助时，一位营运总监也为此感到自豪。

他们发现一线生产人员的巅峰体验和他们的感受一样，也来自能够给工作场所带来的改变。例如，一位维修技工因被人称作"Bob博士"感到非常自豪——他对任何故障都手到病除。

他们发现他们在上午的会议上表达的希望和梦想都被逐字逐句地反映出来了，完全没有偏离探询主题。下午的访谈加深了他们对组织的可能性的理解和体验。体验本身就有能力解决很多需要关注的情况，如沟通、尊重、不同业务单元以及不同职能的协调统一。

最后，他们还在行动中体验了"同步原则"。在这一天里，生产部的闲谈中盛传着"西装"的故事，以及"他们在做什么？为什么要做？"这样的问题。几乎在不经意间，这就像"路演"一样，激发了人们极大的好奇心，迫切期待看到将要发生的一切。

即使欣赏式探询随后从这里消失，所有这些发现对组织都是有价值的，但实际上，它并没有，在一天结束的时候，反而是顾问们"提出了这个提问"。尽管在传统组织发展介入中建立了这种势头，全体领导还是投票"换车"，沿着欣赏式探询的轨道前行，目的是：

- 创造能够吸引并激励整个组织和利益相关者的共同愿景。
- 找回那些曾给部门带来成功的创造力、灵活性、亲和力和社区意识。
- 提升现有领导技能，并通过鉴别和培训未来领导者建立后备力量。
- 超越管理者和普通员工之间的障碍，跨越业务部门之间以及营运部门和职能部门之间的鸿沟。

窗饰时尚部的领导承诺与所有员工一起做欣赏式探询。他们构思了自己的欣赏式探询 4-D 对话形式，称该项目为"聚焦 2000"，目的是"为 2000 年及以后创造共同愿景"。

创建基础架构

"聚焦 2000"项目的顾问团队成立并接受了培训。在新墨西哥的陶斯学院做完培训后，他们马上确定了项目的规模，并规划了项目的第一个阶段。他们早早决定在这次探询过程中访谈时尚部的每一名员工，再加上几个有代表性的外部利益相关者，以及少数几个优秀组织。除此之外，他们还承诺让 25% 的员工参与一些主动的探询形式如主题选择、访谈、意义建构、组织设计、持续沟通。

顾问团队决定让组织的缩影体现在流程的各个方面，这个决定的具体实施体现在：为了选择从沟通到会议和培训的参与者，他们把多职能、多层级的子团队（subgroup）概念化。他们认为这个团队要由技术专家和非正式领导共同组成，参与者要么是自愿参加的，要么是由同事推荐的。

顾问团队识到，要想达到这么高的参与度，需要一个启动流程来引起人们的注意并把他们吸引进来。于是，他们举办了一次75到150人的员工大会，给所有倒班的员工、所有职能和所有级别的员工介绍"聚焦2000"这个项目的目的、目标、流程。展示2是大会议程。

展示2　大会议程

会议目标：预览计划，让亨特窗饰的每个人都参与其中，使公司成为最佳工作场所
▪开场、欢迎、经验介绍
▪基于故事的说明——"改变已经开始"
▪欣赏式访谈录像节选
▪客户感言／使用欣赏式探询的经验教训
▪在亨特窗饰实现这一目标的计划
▪答疑
▪征集志愿者
▪下一步
▪会议总结

从一开始就不同

从一开始，顾问团队就明确决定不能把这个员工大会开得像一个普通的工厂会议，他们没有张贴告示或通过主管进行沟通，而是把手写的邀请函发给每一位员工。中高层管理者都没有穿西装，而是穿着印有"聚焦2000"的T恤衫在会议室门口迎接每一位参会员工。他们为每位员工租了椅子，先存放在一个巨大的保护好的未完工的夹层里——过去，工厂开会都是在生产车间或餐厅，员工从头到尾都是站着。这次员工大会还准备了茶点，大家一开始就相互握手，与不认识的人相互自我介绍，然后再与陌生人坐在一起。

这些细节和其他一些迹象表明，公司这次是把员工像客户一样对待。顾问团队由于关注了员工的感受而得到了巨大的回报：即使那些心存疑虑的人也不得不承认，这与他们之前的经历完全不同。

一个值一千次访谈的画面

正式会议一开始是一些介绍和亨特窗饰北美总裁马文·霍普金斯的讲话录像。这个开场介绍很精彩，在三四分钟的讲话中，他介绍了欣赏式探询这个术语，显示了公司各层级对该项目的支持，肯定了它对亨特窗饰时尚部的价值。

在分享了几个故事以后，又通过观看访谈录像，让大家进一步了解欣赏式探询，录像是关于员工如何回答四个核心提问的（见展示 3）。这些访谈是几周前在生产车间录制的。

展示 3　亨特窗饰的欣赏式探询四个核心提问

■ 当你刚加入亨特窗饰的时候，你对公司最好的第一印象或令你感到兴奋的是什么？
■ 请说一下你在亨特窗饰工作期间的高峰体验和最精彩的瞬间。
■ 不用谦虚，你觉得自己、团队和公司整体最珍贵的是什么？
■ 如果你有一个魔法棒，可以让你许三个愿望，让亨特窗饰成为最有活力、最有回报、最有乐趣的工作场所，这三个愿望是什么？

这些访谈不仅对一个不熟悉的短语做出了完美的解析，也在亨特窗饰时尚部引起了轰动，人们对接受访谈感到既好奇又荣幸。

真人真事

由于亨特窗饰时尚部的员工平均只有五年级的阅读水平，所以大会信息必须以一种直接的、吸引人的、有意思的方式传递出去，顾问团队采取的方式是让真实的人讲述真实的欣赏式探询故事。除了讲述克利夫兰诊所

（见第四章）的故事和放录像外，还请来了外部的人做演讲，分享欣赏式探询给他们和组织带来的成果。

有一位演讲者是位于波士顿的纽约/新英格兰交换电话公司（Nynex-New York/New England Exchange telephone company）中层的专业人士，还有一位是俄亥俄州杨斯顿 ProCare 的汽车修理工，他们 5～10 分钟的感言和答疑环节对亨特窗饰的员工来说，甚至比任何有权威的专家所做的演讲都更有说服力。

回顾

在欣赏式探询引进亨特窗饰 6 个月以后，公司举行了最后一次员工大会。最后，组织准备好开始对正向核心的探询。组织是经过深思熟虑才决定开始和继续的，当我们对此进行反思时，想到了一些重要原则。

第一，这些会议是由公司也是为公司设计的，并且是基于公司过去做得好的方面；第二，部门领导坚持并耐心鼓励每个人参与；第三，从一开始就把公司设计成他们想要的样子；第四，从一开始就招募志愿者并围绕他们设计活动形式。

几年后，员工大会已经成了亨特窗饰时尚部的一种工作模式。他们每半年或一年就会召开一次全体员工大

会，员工在会上交流信息、对业务达成共识、激发对新
事物的热情。他们非凡的持久力体现了当初设计的智慧。

　　有关亨特窗饰启动欣赏式探询的故事到此结束。亨特窗饰的
故事在第六章"肯定式主题的选择"中继续讲述。

第六章

肯定式主题的选择

肯定式主题的选择为 4-D 循环四个阶段中的活动提供了焦点，缜密周到的启发式主题至关重要，它决定了变革流程的方向，并为后续的访谈和组织学习打下基础，这是塑造组织和社区的过程。肯定式主题为接下来

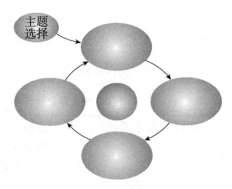

图 7　主题选择

的完整的 4-D 循环流程奠定了基础。

本章要探索的是主题选择的本质，并讨论由谁来挑选肯定式主题，带你一步步了解这个流程：说明组织决定将要探讨什么？它会因此成为什么样子？大量不同组织的变革主题案例都展示了这些组织规划实现它们各自变革议程的过程。

变革型主题的选择

因为人类系统是朝着他们探索的方向发展的，所以主题的选择决定了一个组织将会成为什么样子。当团队致力于研究人类的崇高理想和成就时，合作、感召式领导力、经济正义或职业精神这些条件就会蓬勃发展。组织建造和扮演他们自己的世界，世界反过来又会影响它们。

肯定式主题可以关注组织文化或战略关系的加强，也可以探

索财务可行性和人力资产管理方面的问题。最有效的主题能够与组织业务和文化产生共鸣，并与变革议程相一致。表6说明了变革议程和肯定式主题的关系。

表6　使变革议程与肯定式主题相一致

卓越的客户服务	不断超越 服务补救 以客为尊 一站购齐
增强盈利能力	最大利润空间 发现新业务 迅速投放市场 客户保留
员工保留	有吸引力的工作环境 快乐工作 创新性工作共享 在职学习
战略优势	成为最好的 创造性成长潜力 文化作为竞争优势 组织学习
以患者为本的医疗保健	合作的核心 疗愈谈话 倾听患者的故事 健康：一个家庭的事情

英国航空公司的主题选择

1998 年，英国航空公司北美洲分部的客服部为一个全系统探询挑选了主题。来自 22 个地方的 40 名员工聚集在一起，学习欣赏式探询，最终确定了三到五个主题，包含"快乐工作""和谐工作关系""持续人才发展"和"非凡抵达体验"。

在会议的几个小时里，在这 40 人的团队挑选肯定式主题的时候，一名与会员工提出一个有关欣赏式探询适合用在哪里的问题，"我看到欣赏式探询可以为处理与人相关的问题带来非凡成果，"她说，"但是它能处理技术问题吗？"我们感觉这不仅仅是个理论问题，她脑子里一定有个具体的技术问题，于是我们让她分享一下她希望欣赏式探询帮助解决的那个技术问题是什么。"行李。"她简短地说。这时，房间里每个人都长嘘了一口气，这个问题对他们的业务至关重要，现在终于可以在这里讨论了。

由于我们对航空业不是很熟悉，所以请他们讲一些故事来说明行李的问题。他们精力充沛，重点突出，有时也带点沮丧地解释道：当客户和行李不是同一航班抵达时，就会花费英国航空大量的时间、金钱和精力。他们讲了一个结婚礼服的故事，由于航班问题，结婚礼服没能按时到达婚礼现场，航空公司不得不承担了礼服的费用；还有诸如直到一周的假期结束，野营设备才到大峡谷；日常行李混乱，不能及时从希思罗机场转到盖特威克机场以保证客人换乘下一个航班。

一位客服代理说："这不是我们在英国航空想要的做事方式，也不是客户所期待的，我们的工作和身份没有给我们带来自豪感。我们能为此做些什么呢？"听了这番话，我们知道这是一群关心客户的员工。

我们转述了他们的故事，以表示我们理解他们对这个问题的担忧。然后，我们重复了欣赏式探询的原则，由此引发出强有力的战略性肯定式主题："由于组织是朝着你们探索的方向发展的，你们希望英国航空有哪些改进？我们知道，目前情况下，你们不希望有更多的行李丢失和延迟，那你们希望公司有哪些改进呢？"

不同于组织对事件的习惯性反应速度，这组人反应很快也很一致，有几个人几乎同时说："更好的服务补救。"我们停顿了一下，想了一个最能说明问题的应答方式："让我看一看这是不是我们想要的，如果你能立即完成补救服务，那么把客户行李弄丢这件事就无所谓了吗？"这组人一下子就抓住了要点，说："不，不，不可以。"

我们又问："所以，你们想要的是什么？什么样的肯定式主题可以把公司带到你们希望的方向上？"他们分小组讨论了大约20分钟，然后分享想法，许多创新的想法都是关于"非凡抵达体验"这个主题。一个小组还强调他们希望更多的是：让所有英国航空的客户都享受到非凡抵达体验。当整个团队讨论这个潜在的主题时，达成了很多共识。一个员工提出设想：如果客服代理专注于给客户提供非凡抵达体验，而不是担心行李丢失，英国航空的最佳状态会是什么样呢?

最后，40 人全部认定，他们想要的就是听到客户体验非凡抵达的故事。他们想发现和传承所有支持英国航空提供世界级服务的最佳实践。

主题选择中的关键决定

在肯定式主题的选择过程中，只需要做两个决定，但这是两个重量级的决定：

■ 谁来选择主题，是高管、核心团队还是整个组织?
■ 探讨什么主题？我们希望这个组织更伟大的理想是什么?

这两个问题的最佳答案将不可避免地会挑战组织的现状。要回答这些提问，你必须考虑你看重什么样的人际关系，你希望人们怎样在一起工作，以及你希望这个组织更伟大的理想是什么。而这些问题的答案必须和你的组织想要创造的一致。

让对的人参与

在欣赏式探询的每一步，全系统参与都是很重要的。理想的情况下，主题的选择是由全系统的一个缩影完成的，他们是从整个组织中选出的跨层级、跨职能的一组人。小组规模有大有小，小至 20 人，大至 200 人，他们通常参与最初对话和主题的选定，但从一开始就让更多的人参与可以建立组织的整体承诺和动力。

负责选择主题的团队必须是由不同背景的人组成的，因为多样化可以使关系、对话和可能性更丰富。当来自整个组织的不同人都参与进来时，出现的主题常常意想不到和引人入胜。例如，在一家医疗保健公司的主题选择会上，一位患者提出了一个最有创意的主题："医生和患者共同学习。"

多样性是非常必要的，因为没有任何一个单一团队或组织的某一部分能够代表整个组织。每个组、每个层级、每个职能都有它独特的视角、兴趣和理想。只有全系统共同工作时，同一个主题才会激励整个组织达到更良好的状态并取得成就。

让我们回到英国航空的案例。关于到底邀请谁来参加为期两天的主题选择会的讨论异常热烈。顾问团队希望是不同人员的组合，以确保流程符合组织文化，并由整个公司主导。最终确定小组由 40 人组成，一起挑选主题，起草探询战略。这 40 个人来自18 个地方，有客服代理、工会专员、副总裁、总监以及支持部门的员工，专业涉及信息技术、财务、人力资源、企业传讯。随着会议的进展，效果很明显，这个小组有影响力和资源去传递他们所达成的共识，他们成了这个项目最积极的拥护者。

好主题的特点

肯定式的主题讨论应该关注组织成员希望看到的可以在组织内蓬勃发展的事物，这些主题应该可以引发有关对组织未来发展的对话。当我们问他们对自己的组织更多的愿望是什么时，答案常常是意想不到的。随着对话从问题、障碍、界限转向对组织的崇高理想的探讨，人们的能量和热情被激发出来了。

好的主题不只是简单地确定探询领域，还关乎一个特定组织最期待的主题的质量。以领导力这个领域为例，我们可以对领导力做一个笼统的探询，这样做也能从中学到很多。然而，如果专注于研究你最渴望的那种特定类型的领导力则会更令人兴奋且更有生产力。这些年来，我们的客户选择了一系列不同的领导力主题：感召式领导力、民主式领导力、欣赏式领导力、魅力型领导力、战略型领导力以及合作型领导力。每个领导力主题都使人们对领导力有了新的理解和实践。

为了符合诗意原则，肯定式主题可以聚焦于组织中最好的方面，可以关注技术，比如"信息服务"；可以关注关系，比如"终极团队合作"；可以关注财务方向，比如"合作成本控制"；也可以关注社会，比如"传奇学习社区"。这些主题可以是内部导向的，比如"革命性伙伴关系"；也可以是外部导向的，比如"富有吸引力的客户联系"。

请考虑下面这个例子：如果你的组织想提高士气，你会研究什么？是士气低落的原因，还是士气高昂、热情高涨的原因？显然，关于低士气的知识不足以说明组织能理解和创造高士气。所以，从另一方面想象一下，组织中到处都是关于"工作或有目的地工作时吹着口哨"这个主题的探询和对话，会有什么改进。

无论关注什么，好的肯定式主题都有四个特点：

- **主题是正向的。** 主题的陈述是肯定的。
- **主题是组织渴望的领域。** 组织想要成长、发展和增强这些领域。
- **主题可激发学习。** 组织对这些主题有真正的好奇心，想在这些领域拥有更丰富的知识，业务更精通。
- **主题激发人们渴望对未来进行讨论。** 主题要把组织带到它想去的地方，与组织变革议程相连接。

完成肯定式主题选择这个阶段，组织就筛选出来了三到五个引人入胜和鼓舞人心的主题，这些主题将作为深度探询、学习和变革的焦点。

衡量肯定式主题

在欣赏式探询流程的这个阶段，对话都很明确是关于主题选择的，但是，也会引发一些对话，有关转换组织目前衡量和谈论事物的方式的。我们的许多客户在主题选择的讨论中认识到，他们正在衡量、关注和分析的是他们在组织中不想要的东西。他们意识到，仅仅调研和了解员工离职的原因并不能帮助他们创造有吸引力的工作环境，让敬业的员工在这里长期工作；即使了解了盈利能力障碍，也不能提高员工的业务素质和利润，所以他们对这些方法失望了。那么，有什么其他方法吗？一个客户的公司决定探讨三个主题："员工保留""有吸引力的工作环境""员工忠诚度"。另一个公司设计了一个全公司范围的有关财务成功的根本原因的探询，主题命名为"最佳利润"。

组织向他们探索的方向发展，因此，在整个组织中重新设计关注客户和员工的衡量系统变得更为重要。接受了欣赏式探询培训的组织看到了客户满意度调查的局限性，于是，他们把调查从对问题和投诉的处理转向如何让客户满意并培养回头客。员工满意度调查和绩效评估也做了类似的调整，聚焦在肯定式主题上。

主题选择，一步接一步

选择主题需要花 6 个小时到 2 天的时间，通常参与的人越多，需要的时间就越长。在 4–D 循环的这个环节，每个参与者都发挥积极的作用，有公平的发言机会。对一些特定词汇和短语的讨论和思考不只是语义层面上的讨论——这是很关键的。欣赏式探询的一个基本假设就是话语创造世界，所以，主题的措辞对分享、学习、组织未来发展有着极大的影响。

图 8 列出的十个步骤是主题选择工作的基础，通过总结与一个又一个组织的工作经验，我们把这些步骤逐步调整到目前这个状态。

图 8　主题选择，一步接一步

欣赏式探询介绍

开始时，先给参与肯定式主题的人们简单介绍欣赏式探询。这期间，我们会介绍八个原则；给出欣赏式探询的定义；解释 4–D 循环，强调主题选择的重要性；分享关于其他组织和社区的欣赏式探询的故事。

进行小型访谈

然后，参会者就进入小型访谈，有四个核心提问。根据不同情况，小型访谈需要 30 ~ 45 分钟，这让人们有时间相互连接、分享故事、深入探究他们对组织的希望和梦想。这还让他们体验到欣赏式提问的正向影响——基于故事的素材，肯定式主题就由此挑选出来了。

小型访谈的核心提问

1. 请告诉我你职业生涯中的高峰经验和最精彩的瞬间是什么样的？一个让你感觉最有生气、最投入、真正因为工作感到自豪的时刻。

2. 你对以下各项觉得最珍贵的是什么：

   ■ 你自己和你的工作方式？你有什么独特的技能和天赋贡献给组织？

   ■ 你的工作？

   ■ 你的团队？

   ■ 你的组织以及它对社会和世界的巨大贡献？

3. 当组织处于最佳状态时，赋予它生命力的核心因素是什么？

4. 如果你有一个魔法棒，你可以许三个愿望来增强组织的健康和活力，这三个愿望是什么？

我们要求访谈的对象是不同的人——不同职能、级别、性别、年龄、任期、种族等，这让他们有机会与本来不认识的人建立信任关系。

小型访谈中核心部分的对话信息丰富、启发性强且鼓舞人心。在这部分人们记着他们处于最佳状态的时刻，发现他们对组织怀有共同梦想，满怀激情去创造一个富有生命活力的组织。

甄选主题 ①

小型访谈之后，我们让参与者和最初的搭档组成 6 人或 8 人小组，小组成员以循环的方式介绍他们的搭档，分享访谈中的亮点。他们在做介绍时，焦点都是他们听到的成功的故事、最佳的实践和理念。

随着小组成员在组里分享故事，共同的主线和主题就出现了，我们通过给整个团队演示一个叙事分析的流程，支持人们发现共同主线。在每一个成功的故事中，我们一起探索它所蕴含的成功的根本原因。然后，小组继续分享故事，并确定出那些给他们带来高峰经验的因素。

分享主题和故事

大约在讲了一个小时的故事和叙事分析后，所有小组加入全体大会，每个小组和整个团队分享一到两个精彩故事——故事反映出小组学到的最重要的东西。

小组和整个团队分享故事的同时，也会沟通他们在前一个小时的谈话中出现的主题。通常先把这些主题简单列在活页挂图上，

---

① 这个步骤的"主题（theme）"要有别于"肯定式主题"中的"主题"，意指在分享访谈故事中出现的重点。

然后再画成壁画或用其他有创意的方式进行沟通。不管怎么说，单个小组的主题都列出来，然后汇总成一个主题总列表，这个总列表就是下一步活动的素材。

讨论肯定式主题的标准

还是在全体会议上，我们讨论主题选择的重要性——强调人类系统朝着所探索的方向发展。就像本章前面谈过的那样，我们回顾了肯定式主题的选择标准。

我们分享了一些主题样本并讨论了这些样本为什么有效。另外，还展示了组织可能想解决的一系列问题，并要求这个团队考虑用肯定式主题的方式间接解决这些问题，把组织变成他们真正想要的样子。这就出现了以下三种主题的对比：

1. 离职还是保留？
2. 客户不满意还是客户满意？
3. 性骚扰还是健康的异性工作关系？

最后，我们提醒人们，肯定式主题选择是一个关乎命运的决定，希望他们一定要认真考虑他们希望组织拥有的是什么。

确定候选肯定式主题

在这个阶段，人们又回到各自的小组中，每个小组从故事和肯定式主题总列表中甄选出三到五个候选肯定式主题。

分享和讨论候选肯定式主题

这些小组再次回到全体大会，向整个团队展示他们提议选出来的主题，然后按原样张贴出来。他们在展示的时候，解释了做选择时背后的逻辑，更重要的是，他们说明了为什么这些主题对组织是有意义的——无论是现在还是将来。

听完所有提议的主题后，整个团队一起讨论出现的模式和主题。通常，最终的主题是在整个团队的共同讨论中有机地出现的。

候选肯定式主题分类

如果最终主题仍不明确，那就由整个团队或指定小组把这些主题按相似性分类，以缩小选择范围，通过把重复的或意思相近的主题归类，减少主题的总体数量。尽管给主题分类的过程很快，但需要每个人的参与，包括对话和讨论。主题分类需要识别这些不同文字的陈述之间细微的相似性和差异，参与这个过程的人一定要把握住原创主题的鼓舞力量，而不只是为了对这些词汇进行无意义的分类。

选择肯定式主题类别

再一次，通过分类的过程，可以清晰地选择出最终的三到五个主题。但是，如果选不出来，就必须做进一步归类，我们通常让大家通过投票的方式以缩小选择的范围。

我们一般给每人三张选票，他可以选择以任何他认为合适的形式投出这三张选票，也可以把三张票投给一个主题，也可以分别投给不同的主题类别。选票统计出来后，团队可以看到他们共同的优先级。然后我们就引导最后一轮对话，在这轮对话中，人们可以对前面可能被忽略的主题类别再进行讨论，或者同意最终的统计结果。最后，三到五个主题类别就挑选出来了。

最终确定肯定式主题

当主题类别最终选定后，参会者就按照他们的选择组成主题小组。当这些新的小组成立以后，小组成员审阅最初提议的所有主题，从中选出一个主题，这个主题要承载最初访谈和故事的精神、本质和意图。

亨特窗饰的肯定式主题的选择

从一开始，亨特窗饰就想让尽可能多的人参与，这些人要代表不同层级和职能。他们召集了一百名志愿者，组成了一个团队，共同选择肯定式主题。下面你将看到：志愿者和主题分别是怎样挑选的。

让谁参与

亨特窗饰时尚部的全体员工大会在 5 月份的第三周结束。在这些会议过程中，超过三分之一的员工（850 人中的 300 人）被提名或自愿成为百人"访谈指引设计团队"的一员，一位员工这样描述自己参与团队的想法："怀疑但愿意玩儿"——作为一个有态度的人，她名声大噪。另外一位员工站在会议室外面等待参加下面两场会议，说服人们推选她加入"访谈指引设计团队"。她对这个流程充满热情，为了能够参与进来，决定提前做好准备。

从最初的 300 名志愿者中，我们挑选出来一个小组负责甄选和招募"访谈指引设计团队"，这个小组共有 20 个人，一部分人是毛遂自荐的，一部分人是由许多同事推选出来的。然后，他们就按照下面的标准筛选总员工数的 10% 参与 4-D 循环第一个阶段的工作：

- 考虑业务单元、职能、轮班、性别、种族和态度的差异，甄选出真正有代表性的员工。
- 通过把自我提名的人和经常在员工大会上被提名的人包括进来，激发出人们的内在兴趣和能量。

在两个星期的时间里，最终确定了 100 人的团队，并通知他们参加为期 3 天的场外会议。他们的职责就是为全系统 4-D 循环创造主题，既定目标是"以最好的我们为基础，创造 2000 年及未来愿景"。另外，他们还要负责设计基本问题，作为内部和外部访谈指引的基础。

选择了什么主题

主题是在回答这个问题时产生的："哪些主题可以使亨特窗饰成为最有效、最有活力、最快乐的组织？"主题包含人、教育、工作生活质量、士气和认可以及沟通。

主题考验了亨特窗饰时尚部的领导跟随团队能量的决心，"客户怎么样？""产品怎么样？""创新怎么样？""那些曾让我们成为市场领先者的质量能保证我们未来的成功吗？"

顾问团队聚在一起，迅速为自己的承诺振作起来。"跟随他们的指引很重要，"佩利特说："作为总经理，这些主题并不一定是我最感兴趣的，但对员工来说是重要的，如果我们认为选择他们是对的，就要相信他们所说的，让我们继续前行吧。"

有关亨特窗饰"肯定式主题的选择"的故事到此结束。亨特窗饰的其他故事在第七章"发现：欣赏式访谈及更多"中继续讲述。

第七章

发现：欣赏式访谈及更多

人们经常问，在欣赏式探询中哪些方面是不可避免的？欣赏式探询和其他组织变革的方法有什么不同？一个成功的欣赏式探询流程该具备哪些基本元素？对任何一个欣赏式探询流程来说，欣赏式访谈是最重要的成功要素。

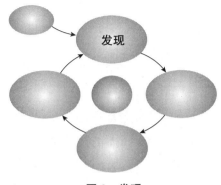

图9 发现

欣赏式访谈使人们和组织发挥出了其最佳状态，它使人们有机会表达自己的想法和被倾听，激发人们的好奇心和学习欲望，增强组织的知识和智能。通过讲述能够展现组织独特强项和潜力的故事，强化组织的正向核心，也为未来生活带来正向的可能性。

这一章介绍如何从肯定式主题中创建欣赏式访谈的提问、如何创建访谈指引、如何把人们培训成为欣赏式访谈者。它清晰地说明了是什么让欣赏式访谈有效。最后，它提供了很多使用和解读访谈数据的方法。简而言之，这就是你的"发现"指南。

"发现"阶段的关键决定

"发现"阶段围绕着欣赏式访谈进行，它激发出大量的想法以描绘出组织的最佳形象。这个阶段在几天、几个星期或几个月里展开，涉及编制问题和访谈指引、进行访谈、传播故事和最佳实践。

关键决定通常会随着"发现"的进展而产生。其中一些关键决定必须在访谈之前做，比如访谈谁？什么时间？其他决定直到访谈流程开始和数据开始涌现才需要做，如如何沟通故事和最佳实践？因此，重要的是，顾问团队或者项目决策团队需要定期开会，以便与访谈流程同步，做出必要的决定，保持流程正常运转。

通常在"发现"阶段会出现以下问题。就像一个欣赏式探询流程中的其他所有内容一样，每个组织都有不同的答案，因而他们都会有自己独特的"发现"。

- **谁设计提问和访谈指引？** 负责选择主题的团队？核心团队？还是顾问？

- **我们要访谈谁？** 谁是我们的利益相关者？雇员？客户？供货商？还是其他？我们需要从中听到什么？

- **谁做访谈？** 一个访谈者能做多少个访谈？

- **访谈者需要什么培训？**

- **谁解释这些信息的意义？** 通过什么流程？是本地小组还是核心团队？我们如何使人们尽可能接近原始数据？

- **我们如何把故事和最佳实践传递出来？** 我们需要制作书面报告吗？视频？还是正式演讲？

图 10　发现，一步接一步

发现，一步接一步

　　从始至终，"发现"阶段涉及 9 项活动。这些活动可能在欣赏式访谈之前、期间或之后发生。访谈是"发现"的精髓，然而，还有更多的事情发生在"发现"阶段：先是访谈前的准备，然后是对搜集到的信息进行解析和使用的过程。图 10 中列出了"发现"阶段的步骤。

设计欣赏式访谈的提问

"发现"的第一步是把选出的三到五个肯定式主题转化成正向提问。谁来编写提问？大多数情况下，编写访谈提问的和甄选肯定式主题的是同一个小组。有时候，先由一个大组编写第一稿提问，然后再由小组或顾问们对提问和访谈指引进行最终完善。在整个"发现"阶段，参与的人越多，后续活动中的责任感和承诺就越强——这才是真实的访谈。

欣赏式访谈提问的结构

欣赏式访谈提问是为了揭示一个组织在最佳状态下是谁或是什么，结构通常如下：

- 肯定式主题的标题。
- 介绍主题的导入（lead-in）。
- 一系列的子提问，通常两到四个，旨在从不同维度探讨主题。

通过《正向提问百科全书》[56]中的提问样本，提问的结构在表7中有详细说明。

导入部分把被访谈者带到探询的肯定式主题上，并为奠定提问和回答的基调起到关键性作用。优秀的导入会带领人们从不同角度轻松地思考主题。在某些情况下，导入已经定义了主题，这样，当人们觉察到它的时候就可以开始思考。

当设计欣赏式访谈提问时，我们想起了"半空或半满状态的杯子"这句古老的格言。我们假设杯子是半满的——我们正探索的主题或内涵已经存在于人、组织和世界中。我们把自己看作侦探，试图揭开和了解主题到底在哪里、为什么存在、如何能在更大的范围内存在。

有品质的导入会在被访谈者的脑海中放入一种"半满杯子状态"的意识，它们能把主题或质量的最佳状态描述给被访谈者，让他们看到主题的益处。当主题或质量在一个组织中明显存在时，导入就可以描绘出这些可能的正向结果的画面，使人们愿意在这个主题上对组织内部和自己的内心探索更多。

表7　欣赏式访谈提问样本

肯定式主题	社区服务
导入	当组织处于最佳状态时，就会为社区服务项目方面提供广泛的选择，如教育推广、发言人办公署、认养一所学校（adopt-a-school）项目和财政资助等，这些项目都表明了一个组织对它所在社区的承诺，组织和社区共赢。那些自愿为社区提供服务的员工通过说服有奉献精神的社会团体参与，以实现这些社会团体倡导的目标。在这个过程中，志愿者们和那些社会团体二者实现共赢，因而受到鼓舞和激励。医学研究证明，参与社区服务增加人们的幸福感，甚至可促进身体健康和提高身体免疫力。这也是员工提升和社区能力增强的大好机会。

续表

肯定式主题	社区服务
子提问	1. 描述一个你曾经做过的有意义的社区服务的高峰经验是什么？感觉怎么样？你的贡献是什么？ 2. 你的组织有哪些资源可以让社区受益？组织与社区过去怎样有意义地合作过？ 3. 梦想未来：想象你的组织和社区是很好的合作伙伴关系，那是怎样的状态？如果有三件事可以创造这样的关系，会是哪三件事？

高质量的导入是个人和情感的导入，是对人性的召唤，而不仅仅是召唤工作导向的自我。它们与对意义的渴望产生共鸣，这是人类体验的一部分。由于欣赏式探询常常涉及对诸如财政、战略和质量等硬性业务主题的探询，这些提问的导入能帮助人们从人本观点去探讨这些主题，从而在组织需求与人们的情感需求如自豪感、责任感、归属感之间搭建桥梁，使之连接和促进个人成长。

优秀的导入为大脑响应后面的提问奠定了基础，它强调了良好思维和良好感受之间的连接——一个必然由被访谈者内化的连接，可以为他/她提供最全面、最具创意、最有意义的响应。

子提问跟随欣赏式访谈提问的导入，可能聚焦于过去、现在或未来。通常，我们在编制提问的时候，会把三个时间框架都包括在内，但有时可能只关注其中一两个。通过探询这些不同的时间框架，我们帮助被访谈者在他们的经验或想象中锚定主题，如果这些子提问遵循自然流动，就会有所帮助。请参考以下的例子：

■ **回顾性提问**通常是第一个。它让我们回想高峰经验——我们经历过的肯定式主题变得最有活力和最现实的时刻，无论是在组织里还是在其他地方。我们深入探究了促使主题出现和存在的人文条件、环境条件或组织条件。有关魅力领导力这个主题，可以考虑以下回顾性提问：

> 反思一下你的工作生活，回想一下你受到魅力领导力鼓舞的时刻，那是怎样的情景？是什么让这种领导力具有魅力？都涉及谁？每个人都为情景优势做了什么贡献？

■ **向内的提问**通常在回顾性提问之后。这些向内的提问会重新提及高峰经验，但要求我们找到这些高峰经验的意义，发现自己从成功的根本原因中学到的东西。例如：

> 你学到了哪些可以应用到这个项目中的知识？当时的情景是怎样影响你现在的领导风格的？

■ **前瞻性提问**通常是最后的提问。在最好的情况下，激发我们的希望、梦想和灵感，鼓励我们去思考未来，这是肯定式主题能做到的最好的方面。例如：

> 想象现在是 2010 年，你的公司被授予"卓越领导力奖"，公司为什么获得了这荣誉？

■ **过渡性提问**常常包含在前瞻性提问中，是对想象中的未来状态的回顾——使被访者有机会考虑怎样迈出第一步，从现实过渡到想象中的未来。例如：

> 回顾 2010 年，考虑一下你和你的组织采取的对成功贡献最大的前几步行动是什么？

提问的艺术

编制优秀的欣赏式提问是一门艺术而不只是科学。把基本的结构作为一个宽泛的框架，优秀的欣赏式提问鼓励人们想象和扮演想象中的角色。例如：鼓励人们用隐喻或口头描绘工作中的自己来描述组织的正向核心。我们可以问："你在工作的时候为什么吹口哨呢？"或者请他们描述一下，在他们最尊敬的亲人、客户、父母或孩子眼里，他们的个人强项是什么。

人们可以通过一个"奇迹性"的提问来描绘未来："你已经沉睡了很长时间，十年过去了，当你醒来时，你发现你对组织的所有期望和梦想都实现了，你看到了什么？"或者描述一下他们获奖的情景："从今天开始，五年之后，你的组织将登上《福布斯》

杂志的封面，请写一个封面故事。"或者假设他们得到一支魔法棒或一盏神灯，许下三个"增强组织健康和活力"的共同愿望。

无论采取哪一种方法，最好的欣赏式访谈提问都是清晰的、相对简洁的，通常也是敏锐的和发人深省的。

优秀的欣赏式访谈提问的关键元素——在优秀的欣赏式访谈中，我们不只是对数据感兴趣——我们还对体验和关系感兴趣。也许，最好的欣赏式访谈明显的特点是邀请人们讲故事，并从非常人性化的层面参与。

几年前我们对一组访谈者做了调研，确定了优秀的提问应该具备什么元素，以下是他们的回馈：

- 优秀的提问有助于**访谈者和被访谈者建立个人关系**。它让对话有质量，珍视现实，激发欣赏式想象，传递无私的积极关怀。
- 优秀的提问**邀请真实的故事，而不是抽象的观点或理论**，通常会用这样的短语："请告诉我……"或"请描述一下……"
- 优秀的提问**是个人的、情感的、几乎是亲密的**，触及人们的内心和灵魂，邀请人们描述他们强烈认同的东西——想起对他们真正重要的人或事。
- 优秀的提问**善用人们的生活和工作经验**，给人们提供了一个去学习和创造他们过去忽略的片段和体验的机会。

- 优秀的提问**产生了一种心理扫描**，促使人们思考他们强而有力的正向体验或见解，然后从中选择最好的。
- **有时候，优秀的提问是模棱两可的**，能给人们足够的空间去找寻各式各样的答案。
- 优秀的提问**带领人们一起走过一段内心的旅程**，要求人们演绎或重建那些他们习以为常的经历和事件的意义。
- 优秀的提问**令人振奋**。它描绘正向的有吸引力的画面，并激励人们思考实现的可能性。
- 优秀的提问**让想象力自由发挥**，把人们带到遥远的未来，帮助他们想象无限的积极的可能性。
- 优秀的提问**引发行动**，帮助人们思考下一步行动，带领他们朝着梦想前进。
- 优秀的提问**川流于情感与逻辑之中**，随着访谈指引中一个又一个的提问，激发了人们去寻找更深层的意义，使人们的思维变得日益活跃和有灵感。

许多书籍提供了更多为特定团队编制有效提问的方法，如《正向提问百科全书》[57]《创建欣赏式团队》[58]以及《正向家庭动力》[59]。

制定访谈指引

欣赏式探询提问及围绕着组织自身的肯定式主题编制交织在

一起，创建一个访谈指引，也被称作访谈协议。访谈指引是探询的脚本，为访谈者提供背景指导，以及针对被访谈者按一定的适当顺序提问。

访谈指引的6个部分　访谈指引可短可长，短的可以精简到一页纸，长的范围可以很广泛，包含对流程、提问和摘要的解释。访谈指引的全面性取决于怎么使用它，如果是用于小组自己选择主题和编制提问，那么一个简洁的版本即可；如果是几百甚至上千人都要使用访谈指引，由于时间和距离的问题，他们又不能参与编制访谈（提问）问题，这样的话就需要一本更全面的访谈指引。

一个全面的访谈指引有6个部分，按顺序如下：

1. **简介**。为访谈奠定了基础，包括：
   - 探询过程的概述，如我们在做什么以及为什么要做。
   - 欣赏式访谈的意义——它关注最好的，而不是坏的。
   - 分享故事、细节和名字的必要性，这样别人就可从分享的最佳实践中学习，因此，除非被访谈者提出要求，否则不对信息保密。
   - 如何使用故事和信息。

2. **打基础的提问**。与被访谈者建立亲和关系，引出更多的信息。例句包括：

■请告诉我你关于……的开始。

■请描述一下你在……方面曾经的高峰经验或最佳
状态。

■你最看重自己什么方面？看重工作什么？看重团队
什么？看重组织什么？

3. **主题提问**。这是围绕之前选出的三到五个肯定式主题
的深度提问，包括：

■导入和子提问的提问。

■探索主题的过去、现在和未来的提问。

4. **总结提问**。对访谈的总结，例如：

■给……赋予生命力的核心因素是什么？

■展望未来，我们将成为什么样的人？

■如果你有三个愿望来提高组织的健康和活力，是哪
三个愿望？

■五年后，你的组织获得了马尔科姆·波多里奇国家
质量奖，为什么？有什么具体原因让组织获得这个
非凡的荣誉？

5. **汇总表**。这是用于收集访谈信息的表格，有两个目的：

■首先，它把最好的故事、引用和想法都储存起来。

■其次，它是一个反思指南——访谈者从故事和反思

中产生个人意义的工具。

6. **快速行动表**。它把需要立即关注的事项收集起来。

■ 它提供一个讨论平台，鉴定与生活质量相关的简单
而直接的问题如水龙头坏了、仓库暖气坏了等。

■ 通常还会有一个沟通媒介，实时发布和庆祝快速
成就。

创建访谈计划

在编制访谈指引的同时，访谈计划也就开始了，这涉及下一轮有关如何展开探询的提问：访谈谁？由谁访谈？以什么方式？如何让尽可能多的不同背景的人参与？ 我们是邀请小组探询较大的系统，还是只提供一个工具，让整个系统做自我探询？是让人们访谈他们的同事，还是访谈与他们无关的人？如何使客户、供货商、社区成员、行业伙伴等外部利益相关者参与进来？如何从与我们不相关的优秀组织那里收集信息和学习？总的来说，如何在时间、可行性、金钱、期限等的限制下，尽可能让最广泛的群体参与。

最好的欣赏式探询是全员参与，让组织的所有利益相关者全程参与，换句话说，吸引所有感兴趣的人、投资方、知情者和对组织及未来有影响的人。这当然包括员工、客户和供货商，还可能包括董事会成员、股东、社区成员、特殊利益集团、工会领袖、监管机构、行业伙伴甚至非竞争关系的优秀企业。特别是，应该

包括那些非决策者如一线员工、少数民族员工等。

访谈的人群越多样化，结果就越好。一个包含了所有功能、级别、轮班、任期、性别和种族的联合群体可以比一个最强的同类型团队产生更丰富的对话。尤其是不同年代的人参与，会极大提升参与和学习的程度，在传递组织智能的同时，增强人们的激情和好奇。它培育了一种包容感和归属感，把人们的过去和未来连接是历史与积极性的连接。

在充满冲突和竞争的情况下，欣赏式探询能奏效吗？要谨慎行事，一定能够进行下去。我们用欣赏式探询使国家工会与组织成了"新合作伙伴"；支持了并购整合；成功开展了新的业务。

欣赏式访谈体现了和谐、亲切的组织关系。它为人们提供一个沟通平台，让人们互相了解和倾听，发掘他人最好的一面，发现大家的共同点。欣赏式访谈把人们带到积极的富有成效的工作关系中，为更大的利益一起工作。

沟通探询战略

在启动阶段，顾问团队制定探询战略并通过各种沟通介绍探询战略。然而，这个介绍性沟通只有短暂的时效，只是提供该项目一些宽泛的信息，而非深入的信息。到现在，你有很多需要沟通的，你的访谈计划可以公布了。

人们想知道正在发生什么？主题是什么？谁在接受访谈？什么时候？由谁访谈？我该如何报名参加？访谈信息怎样处理？这

些类似的提问只能通过持续的、频繁的、有时是重复的交流得到解决。组织领导层或顾问团队的信件、公司简报或内网公告、部门演示和现场会、视频、海报、全体员工大会等，这些能使整个组织持续对此保持兴趣和积极参与。

拥有广泛的组织支持是欣赏式探询成功的重要基础。过程中每一阶段的沟通都孕育着高度的参与、承诺和学习。反过来，又转化为支持。没有广泛的沟通，欣赏式探询只会成为"别人"的事。期待中的文化是与组织渴望的正向沟通实践一起，它必须在欣赏式探询中得到体现。组织只有通过开放、包容和广泛的互动交流，才能创造出全员参与的、以知识为基础的、叙事丰富的文化。

培训访谈者

大多数组织选择为访谈者提供欣赏式访谈培训。培训可能很简单，就像进行一个访谈和讨论成功之道，或者一个为期两天的专注在访谈上的培训。

我们给访谈者做的 3 ~ 4 小时的培训取得了巨大成功，访谈者的收获如下：

- 关于探询本身的背景信息——我们在做什么，想要什么结果。
- 使用访谈指引，练习访谈。
- 有关记录、汇总表和快速行动表的准则。
- 练习转化负面回馈。

■ 访谈时间表——谁什么时候访谈谁。

■ 关于如何邀请其他人加入这个流程的指导。

访谈者培训不仅是教会人们怎么做欣赏式访谈，还要培训他们最重要的人际交往技能——倾听、总结想法、分享故事、让人们展现出最佳状态。因此，访谈者培训除了是欣赏式探询流程中的一部分，对于那些进行访谈、搜集信息并依靠正向工作关系完成工作的人来说，它还是重要的个人能力发展的活动。负责招聘和面试的主管、做职业发展和绩效管理面谈的经理、与客户沟通的市场和销售代表、焦点小组、调研者，所有这些人都会从访谈者培训中受益。

进行欣赏式访谈

欣赏式访谈可以在小组环境中、焦点小组中、员工大会上甚至通过电话或互联网完成。然而，面对面的一对一访谈似乎更能激发人们的能量和热情，在年轻人和年长人之间、专业人士和一线员工之间、消极的人和积极的人之间产生效应。这在以下的描述中显而易见。《圣何塞信使报》国家广告团队的前销售经理戴维斯·泰勒分享了他的经历：

我非常高兴看到访谈双方在访谈过程中是那么有激情。下午，我们分成三组，讲述我们听到的故事，分享亮点，房间里一直充满着能量。一天午饭后，毫不夸张地说能量已经接近峰值。大家都知道，一般的工作坊在午饭后是什么情形，但我们不一样。

在这个过程中有几个惊喜，也许最大的一个是"乔瑟夫"的微笑。乔瑟夫是这个团队的一员，他已经有两三个月没有笑过了，他最好的情况是情绪低落，最差的情况是严重抑郁。访谈以后，他开始微笑了，他似乎很开心。有几个人说："我从来都不知道乔瑟夫有那么多牙齿。"我本来准备应付他的大量负能量，而他却变成了快乐的源泉。最酷的是，乔瑟夫在周五早上工作时还带着微笑。事实上，我发现，能量在我们所有人身上流动。所以你知道，几天后，我仍然能量满满。[60]

对许多组织来说，从欣赏式访谈中最受益的就是增强沟通的这种方式，为跨职能、跨组织、跨级别、跨班次、跨性别、跨文化障碍搭建桥梁。这个桥梁之所以能够建立，部分原因是人们被鼓励去"找与自己不同的人做访谈"。这样，欣赏式访谈就成了差异调节器，引导人们去反思"内心深处，我们并没有那么大的不同"。同时，人们开始欣赏别人在分享经验、希望和梦想时所表现出的一些差异。

好的欣赏式访谈具备的关键因素。几年前，我们询问一组访谈者，询问做好欣赏式访谈有哪些技巧，他们回馈如下：

- **访谈准备**。熟悉这些提问，了解逻辑、顺序和你要提供的总结信息。只有足够熟悉基本情况，才能避免一字一句照本宣科地做介绍和提问，游刃有余地使用访谈指引，或在有语言差异和教育差异时用其他措辞。

- **提前和你的访谈伙伴进行沟通**。当你安排访谈时，花点时间向你的伙伴介绍一下访谈是怎样一种情形。根据探询所处的环境，被访谈者可能希望在访谈前先和他们的主管或经理沟通一下。重要的是，要帮助你的伙伴带着好奇和乐于分享的心态接受访谈。

- **选择合适的环境**。访谈的地方最好选在远离工作区，没有噪音和压力的场所。可以在一个宽敞舒适的空间，如舒适的休息厅、餐厅、当地的一个公园或野餐区。

- **对话开始之前，花点时间做点非正式交流**。如果在办公区域做访谈，你最好带着工牌，确保人们能看见它！访谈前，花点时间做点非正式交流，让相互之间有一些了解，或者简单地给被访者介绍一下访谈流程。记住，这是让你了解一个真正有趣的人的机会，不仅仅是一次"访谈"。

- **准备好第二份访谈指引**。对有的人来说，访谈指引所用的语言可能是他们的第二语言，这样的话，看比听更容易。还有一些情况，相对于听，有些人可能更喜欢看。无论这两种情况的哪种，如果被访谈者手里有一份访谈指引，他们更容易回答复杂的提问。

- **让人们按照自己的节奏行事**。有些人马上就能进入状态，有些人则要多花一些时间。如果你的访谈伙伴觉得某个特定的提问较难回答，就把这个问题留到最后，等他感觉舒服了再回答。

- **让你的访谈伙伴感受到你真的在倾听并关心他**。身体保持放松和开放，舒适、和蔼地接近和面对访谈伙伴。尽量避免你们之间隔着桌子，要有目光接触，让你的面部表情和加重的语气表现出你真正有兴趣。如果你很好奇，想了解更多，就尽情去探索吧！

- **回顾你了解到的东西，以确认其准确性**。尤其是，如果你需要把笔记交给一个信息中心集中处理或者需要完成一张总结表，你可以考虑先让被访者看一下你写的内容，以便有些信息需要修改和澄清，从而充分表达被访谈者的本意。

- **通过总结出对方最鼓舞你的信息来结束访谈**。欣赏式访谈是以关系为基石的，通过分享你的经历来赞誉这段关系。告诉被访谈者你从他们身上学到了什么——他们的故事如何改变了你看待组织和世界的方式。感谢你的访谈伙伴信任你，与你分享他/她的故事、希望和梦想。感恩并回馈这份信任。

传播故事和最佳实践

欣赏式探询关注的是组织最好的方面，在探询过程中搜集的故事为组织成员的学习提供一个载体。无论是对欣赏式探询故事的广泛传播还是对工作的认可，都奠定了这样一个基调：要做到最好。

故事和最佳实践可以通过多种方式传播。有些传播方式很有效果，包括以下几个：

- 在公司简报上发表故事和引用名言。
- 在海报和网站上发布信息、引言和故事。
- 在餐厅和咖啡厅等地方循环播放录像，展示精彩的故事和访谈。
- 在市场宣传、招聘和新员工培训的数据中加入员工的信息。
- 邀请访谈者和被访谈者在午餐会上讲述他们的故事。

探询进行了几个月后，最重要的是，在中期一定要让人们有机会听故事，理解他们学到的东西，并针对他们学到的东西采取一些创新的行动。如果没有这些故事和最佳实践的中期传播，组织就会错过全系统欣赏式探询的一个关键的收益——自组织的、有灵感的、自然发生的改变。

有些客户通过为访谈者组织探询中期集会来应对这一挑战，在会上，邀请大家分享故事、语录和最佳实践，把信息传递给所有员工。理想情况下，从集会开始，访谈者把故事传递给更大的群体。同时，集会为探询提供了动力，因为这向被访谈者证明了他们的意见被倾听了，他们确实能够影响变革。

当故事被录制、转录和传播时，讲故事的会议变得更加有效。这样的转录使整个组织尽可能拿到第一手访谈信息，传播未经剪辑的故事、实践和梦想。

构建意义

欣赏式探询的意义产生于访谈信息被正式分享和全部被理解的时候，包括故事、语录和鼓舞人心的亮点。意义的产生让访谈者、被访谈者和组织凝聚在一起，积极参与更深层次的对话、学习、对期待的未来的探索。它提升了组织的智能，为短期和长期的可能性敞开了大门。

把得出共同意义的过程称作"意识构建"（sensemaking）。无论是叫作意义构建，还是意识构建，它都是一个动态的、回顾性的社交过程。最佳状态下，它是基于叙事的：

> 在意义构建过程中，精彩的故事是十分必要的，好故事把不同的元素长期汇集在一起，激发和指导人们的行动，让人们回顾所发生事情的意义，吸引其他人为意义构建发表自己的见解。[61]

故事把文化、社区和组织结合在一起，使文化习俗代代传承，并作为一种媒介，使文化的独特性变得有意义。故事是人类身份的核心——无论是个人还是集体。根据杰罗姆·布鲁纳的说法：

"在叙事解读的中介中就意义诠释的协商和再协商是人类发展的最高成就之一。"[62] 它无疑是优秀的人类组织的核心。

一般来说，欣赏式探询的意义构建有四个特点：

1. **它随着时间的推移而发生**，而不是在某一时刻被定义为探询的结论。探询中期集会以及故事和经验的传播可以在延展的探询过程中保持数据是最新的和有意义的。这样的集会可以单独举行，也可以和以前计划的会议合并举行，就像一个客户对业务流程改善所做的探询一样。

2. **它关注的是参与者的体验**，而不是顾问认为的重点。让组织成员自己尽可能多地拥有访谈数据，而不是外部专家。即使我们要做几百个访谈，每个访谈都有两三个小时的访谈资料，也要努力涵盖有关被访谈者的巅峰体验、洞察和灵感的原始资料。我们还鼓励资料中包含访谈者的反思，因为里面蕴含了组织和未来的积极潜力，它是访谈者发现的最吸引人、最鼓舞人心的方面。

3. **它是定性叙事分析**，而不是定量分析。它关注故事和故事激发的潜力。我们首先请大家发掘和分享他们在访谈中发现的最精彩的故事和语录，然后，请他们提取精华并确定模式和主题——深入探索他们听到的故事中成功的所有因素。用故事来分析"组织成功根源"。简而言之，我们依赖叙事形式教育组织成员他们是谁，到哪里去。

4. **它鼓励关注更高层面（higher ground）**，而不是共同点。尽管我们确实要求大家从数据中发现模式和趋势，但也鼓励他们去寻找那些孤独而鼓舞人心的声音——个人故事、语录或意见，这些都有能力改变他们看待自己和组织的方式。保罗·格赖斯把偏离情景规范的故事叫作"会话含义"[63]，是激发意义建构的触发点。他们有能力创造非凡，唤醒变革的动力和勇气。

第四章中介绍的拉夫雷斯健康管理公司的欣赏式探询峰会是用参与者引导的流程来做意义构建的。在集会之前，一个三人"故事搜集小组"审阅了总结表，确定了哪些故事和引言可以给最初的主题带来活力。他们根据主题把这些故事和引言分类，每个都标注了不同颜色的索引卡。

在峰会上，索引卡平均分配给 40 个参与者，人们大声朗读自己的卡片，如果他们最初听到过或讲述过某张卡片上的故事，就详细说明一下。这些故事和语录张贴在一面墙上，有时候，人们也用绘画来诠释。作为一个小组，参与者不断讲述更多的故事，张贴并说明这些故事，然后在对话中去探索最初的主题以及故事带给他们什么启示。墙面汇集了访谈记录和访谈的意义，也是 4–D 循环中"梦想""设计"和"命运"这三个阶段的基础。顾问苏珊说："这是我所见过的最好的意义构建流程之一，而且完全是土生土长的。"

一个有效的意义构建工具是叙事分析，它是一个帮助人们从欣赏式访谈搜集的故事里提炼主题和能量的过程。

在一个 6 ~ 8 人的小组中，参与者轮流分享他们在访谈过程中听到的最鼓舞人心的故事。在分享故事时，小组成员都认真倾听，通过确定存在于故事中的成功根源，共同发现其中的意义。想法可记录在工作表或挂图上，如表 8 中的例子"卓越的医疗保健"所示。

表 8　叙事分析样本：卓越的医疗保健

故事	成功的原因
苏珊的手术	以患者为中心、家庭参与、疼痛管理、问孩子需要／想要什么、同情心。
助人为乐的客房服务员	超越她的职责、积极主动、关爱、以患者为中心、敢于做正确的事。
患者最后的请求	深度倾听、打破常规的行动、做需要做的事情——不仅仅是一份工作、患者第一、只管去做、代表患者行动和做正确的事。
（继续）	（继续）

听完和分析完所有的故事，小组确定出模式、趋势和共同主题。例如，在"卓越的医疗保健"这个案例中，我们看到几个共同的主题，包括以患者为中心、同情心、工作职责之外的主动承担。叙事分析流程能够让小组看到所有从访谈中搜集的故事并从中找出它们的共性。这是一个非常有用的工具，它用于识别成功的根本原因——一个组织的强项，或者叫作正向核心。

绘制正向核心

欣赏式探询是基于一个假设：每个人、团队、组织、社区都有独特的强项、资源、技能和财富，组合在一起就是正向核心。[64]

正向核心是让组织处于最佳状态的必要因素，是组织未来的基础：决定组织可能成为什么样子的基本元素。即便是在重大的变革过程中，组织也要通过构建和保持正向核心来成功管理正向变革，因为正向核心是使组织或社区在正向变革过程中蓬勃发展的最基本的美德和能力，必须保持。

因此，欣赏式探询作为一种正向变革的流程，首先是发现正向核心并清晰描绘出来。关于这点，人们需要做的是：

1. 阅读和分享从访谈中搜集的故事。
2. 进行"组织成功根本原因"分析，找出促使组织成功的所有因素：价值观、技术资产、领导力强项、战略优势、人力和财务资源、有益的关系和合作伙伴关系、最佳实践、流程系统和组织架构。
3. 把所有成功因素都列在图表上，或用绘画、插图表现出来，这就是正向核心地图。

最好的正向核心地图是组织业务的隐喻，例如，一家全国性卡车运输公司道路快递公司，它的正向核心地图就是画在墙上的一辆巨大的卡车。给每人发一张海报，上面画着一个盒子，请小组用组织强项把盒子填满，然后"装"到墙上的卡车上。当他们完成这个任务时，看着自己的作品，备受鼓舞，这是一辆巨大的卡车，满载着道路运输公司的强项、能力和战略潜力。

其他一些有创意的、绘制正向核心地图的方法，包括镶嵌图（马赛克）、字谜游戏、一个书库、搭积木、垫脚石，每一个都能找到成功的因素。展示 4 和 5 是正向核心地图的例子。无论用什么隐喻绘制正向核心，都能把许多不同的数据整合在一起，可视化地表现出来，从而成为"梦想"活动的灵感来源。

最好的欣赏式探询流程始终都围绕着正向核心，并把它融入4-D 循环的后几个阶段。在"梦想"阶段，要思考的是如何放大正向核心；在"设计"阶段，思考如何利用正向核心提升绩效；在"命运"阶段，思考对未来行动的影响。通过了解和有意识地利用正向核心，组织和社区巩固了自身想象并增强了保持正向变革的能力。

正向核心地图样本

展示 4   展示 5

亨特窗饰的"发现"过程

接下来，我们继续讲述"聚焦2000"这个故事。另外，我们增加了一些4-D循环二次迭代的细节，这与战略规划有关。这些细节说明了怎样把流程做得多样化，以使员工持续保持兴奋和专注。

对承诺的考验

在访谈指引设计会议结束时，访谈者会分成两个组，第一组取名为"第七代"，访谈每个愿意被访谈的员工；第二组取名为"外来者"，要做100个外部访谈。包括客户、供货商、社区成员和少量优秀组织。

一开始，"外来者"就面临一些特别的挑战，他们必须重新制定一些有关公司核心文化的议题。决定在会议上做出，然后在会议后取消，因为许多专业人员和管理人员有了更多的领悟和信息。能否让非专业人员去访谈总经理或社区领导，高管成员就财务方面和职业方面提出他们的担忧。

非专业人员因此感到不被尊重和受到排斥，这是导致组织沿着欣赏式探询这条路径走下去的两个核心主题。

基层参与者开始和同事一起抱怨并向人力资源部提起申诉。有两三个人扬言要全程退出这个流程，另一些人则温顺安静地顺应这个趋势，只接受专业人员和管理人员的访谈，无论如何都得是在这个位置的人。

这个团队（team）似乎就要崩溃了，领导层开始关注欣赏式探询流程的完整性（诚信度），以及这个团队的成败作为先例可能对未来产生的影响。显然，这个小组（group）迫切需要帮助，但以什么方式呢？采用传统的团队建设方式，大家宣泄一下可以减轻一些压力，但这违背了欣赏式探询流程的原则。"外来者"小组遭遇的危机是对欣赏式探询流程的承诺的考验。

顾问团队决定进行一个 6 小时的基于欣赏式探询原则的团队建设，以此来解决这个小组的问题，要求小组里每个参与者都必须参加。总经理和引导顾问亲自去邀请三个班次的员工参加。会议以欣赏式访谈开始，继续进行下面这些主题的讨论：团队巅峰体验、让团队做到最好及帮助团队希望和梦想成真的因素、团队自我管理的协议设计、团队访谈流程的计划。

会议很成功，问题得到圆满解决，并做出了决定，使团队可以有效地继续向前推进。

"外来者"小组的经验证明，即使一次正向的体验也可以再教育一个大的群体。如果"外来者"小组失败了（他们也似乎差点儿失败），那么这个失败也会成为逸事般的证据，"亨特窗饰时尚部什么都不能改变"。然而，他们成功了，而且以如此完美的方式，所以他们从另一方面证明了：基层员工和领导层完全可以消除分歧，有效协作，为组织取得伟大成就。

最开始的这个冲突是几个插曲中的第一个，这些插曲威胁到"聚焦2000"项目的正向能量。实际上，随着安全感和信任的上升，越来越多的公司开始检测和调整他们的习惯模式。亨特窗饰的领导从这一事件以及后面的几个插曲中认识到言行一致的重要性，相信欣赏式探询是一个实用的工具并好好利用它，即使在看起来最不利的情况下也要坚信。

一波接一波的访谈

6月初在公司外面举办的会议结束的时候，这两个访谈小组已经被调动起来了。"第七代"小组3个多月内完成了500个内部和外部访谈，包括亨特窗饰一半的员工加上100名外部利益相关者。

用"全体总动员"的探询形式，第一波访谈者面试、招聘和培训了250名访谈者，他们在不到2个月的时间里完成了 500 个访谈。

在穿越了"死亡谷"之后，"外来者"小组也开始行动，生产工人、专业人员、中层经理两次出差到全国各地，访谈了各种各样的客户、供货商和社区成员。这些团队一起创造了宝贵的业务关系，搜集了有价值的信息，获得了不可估量的智慧。

琼是生产部的一名女员工，她访谈了一位因无休止的抱怨和要求在亨特窗饰闻名的客户。在访谈过程中，当肯·乔布斯正要抱怨亨特窗饰的产品和流程中出现的问题时，琼马上引导他："乔布斯先生，我知道您想说的这个现在很重要，但这不是我们今天访谈的目的。我先把它记下来，然后再让其他人和你联络讨论这个问题。"访谈结束时，乔布斯给了琼一个大大的拥抱，并请琼参观了他的生产工厂。2 个月后，在亨特窗饰时尚部的第一次欣赏式探询峰会上，乔布斯频繁地做出正向而富有远见的表述。峰会结束时，他和参会者分享：

> 在我的脑海里，从我与亨特窗饰时尚部合作的经历来看，这是它所投入的最有力最正向的活动之一，这使它在未来将永远是一个伟大的公司。

　　另外一位生产部的员工约翰到奥马哈采访了亨特窗饰最大的经销商之一。在那里，约翰了解了该公司是如何招聘和保留无家可归的人成为他们的员工，公司给他们预支第一个月的工资，以便让他们购买一些基本衣物和交房租。在访谈过程中，这个经销商表达了对这件事情的自豪感：它明显降低了员工的流失，并帮助人们摆脱了令人绝望的贫困。在约翰访谈回来一个多月后，他要求向亨特窗饰北美总裁做一个汇报，在会议上他拿出了一个详细的提案，要求在时尚部进行类似的项目，用这种方式加速填补职位的空缺，并为社区提供有意义的服务。

让一线员工做访谈者的益处

　　有几位访谈者由于这段访谈的经历对亨特窗饰和工作环境充满了感激，一位男员工说：

　　　　其他公司的员工（他访谈的员工）几乎不能相信公司能派我这样一名机床操作工去做访谈！他们说我一定是在最伟大的公司工作，我认为这可能是真的。

另外一名女员工说：

直到我看到其他工厂的工作条件和听到他们的
工资和福利，我才认识到我们这里有多好。这里的
人应该知道他们拥有什么，应该知道这是一个多么
好的工作场所。

通过"聚焦2000"这个项目，在亲眼看到不同的选
择和亲耳听到访谈中的回馈后，员工更加充分地认可了
亨特窗饰的工作环境的美好和他们被赋予的责任。

随着访谈的继续，整个时尚部的管理人员和专业人员
都感受到，让非专业人员参与外部访谈是"聚焦2000"项
目流程中最重要的元素之一。9个月后，瑞克·佩利特说：

这是在整个"聚焦2000"项目流程中最有意义、
最正向的一个决策。我简直不敢相信我们差一点就
不让他们参与了，那是一个"关键时刻"，感谢上
帝，我们做了正确的决定。

故事有翅膀

随着"发现"的进行，访谈者都很兴奋，他们精力

充沛，随时准备进行能够改变世界的"一次一次的访谈（one interview at a time）"。组织里的其他成员都很好奇在公司的厂外会议上发生了什么。其实，人们极度渴望分享和听到故事，但是他们无处分享！结果证明，长期以来所谓沟通中的"黑洞"是偶然的，而并非蓄意的。公司的基层员工既没有电话、语音信箱、电子邮件，也没有个人信箱，换句话说，公司里将近三分之二的员工基本上无法通过任何形式进行直接个人交流。

这是一个重大的挑战。他们自己命名为"触不可及"（InTouchables）的内部沟通团队，提出了一系列快速、简单、省钱、高效的战略。他们关注两个提问：如何把我正在学习的东西传播出去？如何吸引他人参与到"聚焦2000"项目和其他正在进行的工作中来？所有这些活动带动了公司全员的参与，为更大的前程创造了热情和动力。

"问我关于聚焦2000"

在访谈者的第一次集会上，人们分享了参与者的成功，同时也表示由于对"聚焦2000"缺乏了解而感到沮丧。除了启动会，大家对"聚焦2000"项目是如何展开的这些细节都不是很清楚。在讨论想法的时候，有人脱口而出："我需要有人向我提问！有人问我，我就有机会告诉他我的想法和我知道的一切。"

房间一下安静了，人们陷入了沉思。然后，从房间最后面传来一个声音："一个按钮，我们需要佩戴一个让人们发问的按钮。"

这个对话后来演变成"问我关于聚焦2000"的按钮。人们把按钮戴在工服上，贴在工位的墙上，甚至别在棒球帽上。这些按钮引导人们去探询。一旦有人询问，参与者就告知全部，包括访谈主题和访谈本身、希望和梦想以及想象中公司的样子。

流动海报

从第一次意义构建的会议开始，参与者就动手制作了海报，放在了餐厅和休息室。海报的模板是一个裱页，上方有"聚焦2000"的标志，在标志下面，印着这样一些句式：

- 我在"聚焦2000"项目中学到的最重要的是……
- 成为"聚焦2000"项目的访谈者，对我来说最好的是……
- 在"聚焦2000"项目中被访谈，对我来说最好的是……

■ 有关"聚焦2000"项目，我想让亨特窗饰每
个人都知道的是……

然后把空白索引卡发给员工，一张卡片上写着一个
句式，让员工填写完整，要求字迹清晰，如果愿意的话，
也可以签上名字。把这些未经编辑的卡片贴到白板上，
贴满答案的海报每周在公司不同的地方流动传阅。

人们对这些海报产生了巨大的好奇，午餐时聚在一起，
阅读同事们的评论。这是一种个性化的特殊方式，让每个
场外的参与者都能和组织里的其他人分享自己的见解。

我们从海报上听到了什么？每张卡片都不同，以下是
一些亮点：

■ 在第一次"聚焦2000"项目的厂外会议上，
我认识到的最重要的一件事就是：我的意见可
以对公司产生影响。
■ 成为"聚焦2000"项目的访谈者，对我来说
最好的是：我发现大家本质上是相同的，不同
的只是表面。
■ 在"聚焦2000"项目中被访谈，对我来说最
好的是：记住那些帮助我走到今天的人和事。

■ 有关"聚焦2000"项目，我想让亨特窗饰每
个人都知道的是：只有我们自己才能让我们的
梦想成真。

所有适合刊登简报的新闻

该部门的简报很棒，但一个季度才发行一期，考
虑到访谈者所获得的信息的范围和规模，这显然需要
有一些变化。于是，"触不可及"沟通团队创作了一个
月报——"探询者2000"。全色简报包含了关于"聚焦
2000"项目的事件及活动的照片和故事、欣赏式访谈中
的个人故事以及人们在工作和生活中应用欣赏式探询的
案例。每期简报还增加了各车间会议和部门会议的信息，
并提供了近期大事件日程表。

这些简报如此受欢迎，所以我们在写综合报告时也
用了这个方法。"探询者2000"月报的特刊是以报纸的形
式发行的，包括最新故事、照片、连环画、填字游戏和
邀请人们参加"聚焦2000"活动的分类广告。这些报告
让人们关注对"聚焦2000"项目的体验，并传播了最佳
故事和实践，以及对未来的憧憬，既有视觉冲击又生动
有趣。

回放电影

在全体大会上，视频发挥了不同寻常的作用，所以"触不可及"沟通团队决定要制作更多视频。他们利用园区里现有的电视和录像机，制作并播放了整个探询过程的视频。

每隔几个星期，就有一段新的视频发布，重点介绍公司厂外会议的精彩内容，分享人们在欣赏式访谈中讲述的故事和实践。在各个部门里，在午餐和休息的时候，人们就把椅子搬到电视机前，他们看到同事在电视上，就会问更多的问题，他们被这种形式吸引住了。

探询的很多方面

在亨特窗饰前十个月的欣赏式探询中，满满的都是一对一访谈，随后是小组反思。但是，当我们完成了第一批 1000 个访谈，正想方设法把欣赏式探询结合到公司业务中的时候，让我们吃惊的是有了一种绝望的呼喊："不要！不要再访谈了！"尽管人们喜欢这个流程以及流程带给他们的益处，但是这种方式已经让他们筋疲力尽了。

挫折又一次激发了灵感，顾问开始设计新的探询方式，以建立良好的关系、释放正向核心、激发梦想、鼓励打造似乎不可能的伙伴关系。例如，在 1998 年战略规划峰会之前，他们预先给所有参与者发出了一份访谈指引，使用说明中提供了多种可选择的探询方式：

- 从现在到战略规划峰会召开之前，请有目的、有意识地从员工、客户和供货商那里搜集信息。使用该访谈指引，其中有许多探询方式供你选择，这里只是我们的想法……请自由发挥你的创意，想出一些你自己的方法，并与他人分享。

- 在定期的团队会议和车间会议开始的时候，用10分钟讨论一个提问或一个主题，一次只讨论一个。每次会议都这样做，直到所有主题都涵盖了。

- 和你的业务单元或部门里不同的人进行三到四次访谈，最好是和今年没有机会参与战略规划的人进行访谈。

- 非正式地询问人们对访谈指引中的主题看法，在餐厅或者其他任何适宜聊天的非工作区域进行。

- 如果你的工作性质让你经常接触到客户或供货商，同样可以这样做。每次和他们通电话时问一个问题，去他们公司拜访时跟他们约

谈，或者和他们共进午餐，听听他们的想法
和见解。

- 主办一个焦点小组，邀请你部门的员工和其他
  两三个与你工作紧密的部门的员工参加。

通过鼓励人们创造多样化的"发现"方法，让他们保
持探询精神的同时，不断为组织的正向变革注入活力。

保持动力

"聚焦2000"成功的部分原因是亨特窗饰承诺让越
来越多的利益相关者参与到探询的各个方面。从一开始，
他们就努力让不同的人代表组织参与进来并激发人们的
热情，这意味着人们可以在整个探询流程中来往自由，
他们可以自愿参加，做很多有益的工作，然后再把精力
放回到自己的主要职责上。

同时，新员工也会被邀请参加欣赏式访谈、意义构
建会议或其他一些活动，他们也会被此吸引。最后，一
些对欣赏式探询坚定的拥护者是那些从来没有正式参加
过这个方法论培训的人，但是中途的加入依然让他们看
到了益处。

随着参与的人越来越多，顾问团队和领导层继续密

切关注连续性和过渡性的问题。例如，当他们培训新的访谈者时，建立了一个伙伴机制（buddy system），通过这个机制，新人可以和有经验的访谈者搭档，他们了解原始主题和问题的精神及意图，并细化了技术。同样，当他们邀请没有参与"聚焦2000"项目或欣赏式探询经验的人参加大型活动时，会安排一些过渡性人员和活动，以确保流程的完整性。通过关注包容性和过渡性，激发并保持了动力。他们提供了一个体系，支持人们遵从自己的内心，根据他们的能量和兴趣，为组织做出贡献。

有关亨特窗饰的"发现"的故事到此结束。亨特窗饰的故事在第八章"梦想：愿景和未来的声音"中继续讲述。

第八章

梦想：愿景和未来的声音

在欣赏式探询的"梦想"阶段，所有组织成员和利益相关者都要参与这个展望组织未来的流程。他们讨论在"发现"阶段了解到的东西，然后再前进一步，想象一个鼓舞人心的、正向的、有活力的世界和组织。

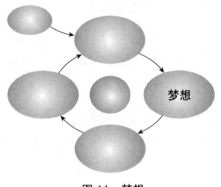

图 11　梦想

在这个流程中，他们分享丰富的个人梦想，描绘并有创造力地制定共同梦想，通常撰写出一个组织使命或目的宣言。

欣赏式探询通过"梦想"流程把最好的方面挖掘出来，并引导人们把它想象得更美好。它放大了组织的正向核心，激发了更有价值的至关重要的未来。这对现状是一个挑战，像磁石般把人们吸引到 4-D 循环的下一阶段，在那个阶段，他们将设计组织，把他们最大的希望和梦想变成现实。

意象的力量

根据"预期原则"，人类系统就像植物，他们朝着"光"的方向有机地和本能地生长，这就是他们对未来的共同想象。威廉·吉姆称之为"流淌的意识流"，对人们来说，它是一种汇集了个人的可能性的集体形象。每个人都有一个内在对话或自我对话——一系列描绘绩效参数的个人提问。我们的个人自我对话越正向，潜力就越正向。

假设组织也是如此，他们对未来的意象的确会影响绩效，无论是当下的还是未来的。如果是这样的话，合作打造正向意象的能力就是组织变革和成功的关键资源。在一篇题为"正向意象，正向行动"的标志性文章里，大卫·库珀里德提出这样一个理论：

> 如果他们的目的是创造一个正向的且人力可及的美好未来，在集体意义上巧妙地创造正向意象很可能是个人和组织能从事的最有价值的活动。[65]

就像把电影投射到屏幕上一样，组织就像动员剂，把对未来的期待、想象和可能性有力地投射在当下。组织的未来意象越强大，越有吸引力，成果就越正向。例如，当柯林·马修先生接手英国航空公司时，他接管了一条无比混乱的航线，员工和客户都不满意。尽管表面上，马修完全接受现实，但他却说："我们是世界上最受欢迎的航空公司。"当有人说那不是真的，他说："也许不是，但你的工作就是让它成为真的。"他描绘的这个意象是公司走向未来的指路明灯，这是一个有挑战但值得去努力的目标，可以说，现在很多都实现了。

意象，对绩效的限制

亨利·福特说得很精辟："不管你认为自己行，还是认为自己不行，你都是对的。"意象创造于对话，根植于信仰，它不仅是正向绩效的种子，也是对绩效的限制。

促使业务成功的意象通常会成为它的限制因素和变革目标。大约在 8 年前，面临需要降低各方面医疗保健费用的压力，国家临床实验室的业务总裁对他的销售人员说，如果医生同意把他们的检验放到地区实验室，而不是本地实验室，公司可以节省大量美元，从而降低医生和客户的服务成本。他概述了拟定好的组织变革方案，说最大的挑战是说服医生，让他们认识到他们所坚信的效能形象已经过时了。

具有讽刺意味的是，就在 4 年前，同样是这些销售代表，那时候他们说服医生，那些形象将带来很好的业务。临床实验室设立了一个本地实验室网络，并树立了良好的本地服务声誉和业务形象。现在，商业环境和技术已经发生变化，较少的地区实验室已经可以提供和全国本地实验室网络相同质量的服务。然而，医生们依然认为只有本地实验室才能给他们和他们的患者提供最好的服务。销售人员的工作不是销售临床检验，而是帮助医生改变他们心中理想的检验流程的形象。曾经让公司做到全国最大、最成功的那个理想形象现在成了它的制约因素。

扩展卓越环境

　　要创建一个新的意象，组织必须高瞻远瞩，他们必须首先思考目标和"感召（calling）"，然后再采取行动。就像爱因斯坦说的："你不能用造成问题的思维方式去解决问题。"组织变革当然也是这样。要想改变利益相关者坚守的集体意象，让新意象令人信服并激发行动，你必须扩展卓越的环境；必须让人们的想象超越他们日常工作、角色和职责的制约，并思考目标和感召内容。

　　那些能够坚持下来，随着时间的推移成功改变并适应环境的组织，体现出来的是教授和顾问吉姆·柯林斯所说的"实用理想主义"[66]。他们列举了默克制药公司的决策——赠送一种药物，治愈肆虐于第三世界的寄生虫病。这一决策契合公司梦想——从事"保护和改善人类生活的事业"[67]，它说明了一个更高的目的或者更广阔的背景对于成就卓越十分重要。默克公司有令人信服的使命，让他们把药物赠送给需要的人，他们相信，这样的善举"总有一天会以某种形式得到回报"。

　　在欣赏式探询的"梦想"阶段，我们通过提问，说明个人和组织可以在最卓越的背景中看到自己，例如：**你梦想中更好的世界是什么样的？你的组织用什么方式去实现梦想？你的感召内容是什么？你对你的社区有什么独特的贡献？对世界有什么贡献？**这些都不是抽象的问题，而是可以作为组织的梦想的模板，一种激发实践的理想主义的方式。

以营养食品公司南美洲分部为例，他们在梦想未来时，是在他们的国家巴西做的。他们首先为孩子和孙辈梦想了一个安全、健康、富足的生活，然后讨论加工、包装和分发食品的方式可能会影响到国民健康和幸福。结果，他们改变了以经营健康食品为商业目的的业务模式，从而为培养国民更健康的生活方式做出了贡献。

对许多利益相关者来说，欣赏式探询的"梦想"流程第一次让他们思考全局并大胆设想组织的可能性。当人们的想象超越他们的工作时，他们就会在工作中发现新的意义。他们会看到他们的工作是如何对整体做出贡献的，是如何对组织和组织之外更大的、更能提高生活质量的目标做出贡献的。

"梦想"阶段的关键决定

"梦想"阶段要做的决定与项目的流程和内容都相关，包括以下方面：

- **应该让谁参与？**我们如何抓住现场所有相关的声音？我们如何听到那些不在现场的人的声音？
- **我们用什么样的体验活动展现未来意象？**是把梦想简单地写下来、画下来，还是用角色扮演出来？我们如何激发创造力？

■ **"梦想"**的结果是什么？引人注目的创意意象就足够了吗？我们需要一个战略愿景吗？需要一个目的宣言吗？

听到现场所有的声音

因为组织的未来形象创造并存在于社区成员和利益相关者之间的对话中，所以它是一种公共资产。只有鼓励越来越多的人对其做出贡献，这份公共资产才会越来越丰富。参与"梦想"流程的社区规模越大、越多样化，结果就越令人信服。各种视角、经验和思维方式组合在一起，希望和潜在的积极形象就会像奶油一样浮现出来。每个人都想拥有它、抓住它，并为实现它而尽责。因此，每个人都会影响到组织的成就和活力的提升。

在欣赏式探询的"梦想"阶段，我们让尽可能多的人参与，当然也包括尽可能多的利益相关者。最常见的形式就是欣赏式探询峰会，通过峰会，大量不同的人可以一起进行梦想活动。在一个欣赏式探询峰会上，几百或几千人可以一起进行梦想活动，他们可以先分享个人的希望和梦想，然后再在小组里为整个组织创造共同梦想。先把每个小组的梦想展示出来，然后再把它们编织成一个强大的梦想。当全系统参与这个活动时，结果是激动人心的。新的愿景引发了激励的行动，进而加强了员工的敬业度，强化了客户的忠诚度，提升了财务绩效。

但有时候，在现场搜集到所有人的意见还是很有挑战性的。

在这种情况下，你不能让所有人聚集在一起参加一个完整的会议，所以得想一些有创意的方法。问一下自己：如果我们不能让所有人都身临现场，我怎么能搜集到所有人的意见呢？有时候，我们邀请顾客、消费者或客户参加 2 小时的探询和对话。还有些时候，我们让小组走出去与人交流：与社区领导、投资经纪人或者学生做访谈或焦点小组，这些都可作为一种方式，把他们当作组织的未来形象的共同创造者，听取他们的意见。

　　例如，可以考虑采取加州大学伯克利分校为期 5 天的"学术领导学会"的形式，参会者只有 45 人，都在相应的机构中担任相似的领导职务，他们需要的不仅仅是自己的梦想，他们对梦想的清晰诠释将会影响整个北美的高等教育机构。为了得到其他人的意见，我们请参会者在会议前和学生、教师、员工、校友、社区成员以及其他人进行访谈，所以当他们来参会时，已经被各种各样的声音、故事、想法和观点所包围。在会议过程中，通过邀请外部发言人分享高等教育领域内外的全球趋势，我们把更多的声音带到了现场。

　　当"梦想"行动开始的时候，每个人都是"带着很多声音的"，他们很容易就能反映出许多人的想法和理想，虽然这些人并不在现场，但他们是未来高等教育不可缺少的一部分。因此，他们所表达的梦想极具创造性，能引起强烈共鸣，实现社区更大的希望和愿望。

选择适当的充满创意和乐趣的方法

在"肯定式主题选择"和"发现"阶段，参与者的主要活动是"谈话和讲述"。一对一访谈和小组对话中穿插着正向核心地图，但总的来说，这个过程是通过对话来关注构建知识、学习和关系的。

"梦想"活动在能量和方法上带来了根本性转变，更重要的是激发了创造力，同样重要的是形成组织公平竞争的方式。创造性的"梦想"活动就是一个论坛，在这里，人们不常表现出来的创造力得到发挥和重视。当人们一起完成"梦想"后，几乎就无法再回到令人窒息的组织角色和形式中。

欣赏式探询的"梦想"可以包含任何形式，从引导的想象和无声的思考到有趣的戏剧表演如脱口秀、商业广告、歌曲、诗歌等。人们喜欢描绘、展示、表演他们想要的未来，就像未来已经到来一样。有创意和有趣的梦想活动把人们带到未知的但能够想象出的领域——打开通往右脑的门道，这是直觉的感知方式。

如果梦想太小了，就会限制成功，所以我们通过大胆创新的梦想活动，尽可能把人们的想象力扩展到最大范围。最好的情况是，这些梦想活动进入大脑右半球，它只识别图像，不识别语言；只识别音乐，不识别书面报告；只游玩不工作；只识别现在，不识别过去或者未来。总之，这些梦想活动为扩展组织的未来意象提供了一种全脑媒介。

充满创意和乐趣的梦想活动在许多组织中并不常见，因此，我们不断面临这样一些提问：我们不能就**谈谈**我们想要的吗？难道这一切不会分散人们**正经工作**的注意力吗？我们的答案是：不会，因为这就是正经工作，它让工作充满乐趣，富有创造力，发挥人们各自的强项，激发对更渴望的未来的想象。

总之，我们强烈建议，即使在最保守的环境中，也要使用体验的方式做梦想活动。没有这些临时性的能量和感知方式的转换，组织就会严重制约创造新形象的能力的发展。如果你的组织对戏剧表演的方式不太接受的话，也可以考虑用绘画、诗歌或一个颁奖晚会、从杂志上剪图片做拼贴画，或者用硬纸盒做一个巨大的模型，或从商店买一些道具。无论你用什么方法发掘组织梦想，都要让它充满创意和乐趣。

确定正确的成果

你的变革议程将决定"梦想"阶段的成果，成果包括深入人心的组织新形象，在餐厅和休息室播放的梦想视频，形成文档的战略愿景和目标陈述。请记住：欣赏式探询的首要目标是改变故事和组织内在对话中所讲述的形象。做到这一点，你可能需要建个文档，也可能不需要。丰富的体验是一种创造自身活力的方式，它和故事一起，像野火一样在组织内蔓延。所以，"梦想"的最好成果也是一个关于美好体验的精彩故事。

在其他一些情况下，欣赏式探询的梦想活动还需要有一些具体结果：一个书面文档。例如，"梦想"阶段会在创建新业务目的宣言或制定组织战略愿景的过程中达到高潮。最终的结果是为一个新的联盟做出愿景和价值观宣言，或为两个合并的组织制定出一个长期愿景。

Piñon 管理公司在科罗拉多州和新墨西哥州经营着 15 个长期护理机构。他们用欣赏式探询进行了一个为期两天的战略规划务虚会，目的是寻求一个能够激发员工热情和团队合作的流程，同时为战略和商业规划打下基础。在做完相互访谈和绘制完正向核心地图后，参会者参与了一个引导的可视化想象过程，把他们带到多年后的未来——想象十年和二十年后的世界，那时，他们自己可能就住在一个长期护理机构中。

他们基于所看到的，创作了一幅思维地图，描绘出了正在出现的最积极的宏观趋势，那些给他们的未来和业务带来美好希望的事情。从这张图上，他们确定了 6 个正在展开的战略商业机会，这些战略商业机会为 4-D 循环的下一阶段（设计）奠定了基础，在此期间，他们乐观地描述了组织将如何利用这些机会，并做出了具体决策，他们的描述也由此展开。

梦想，一步接一步

"梦想"通常是从访谈开始，在此过程中，对未来充满想象的提问唤醒了人们的渴望，激发了被遗忘的希望和梦想。集体梦想活动依赖于这些访谈提问的能量，吸引人们进一步展望和扮演他们最新奇和最渴望的未来。

梦想活动通常是在 50 到 200 人参加的大型会议上进行。从开始到结束需要一小时到半天的时间。通过图 12 所示的 7 个部分流程，欣赏式探询的"梦想"充分利用了访谈和故事中最好的方面，为"设计"创造了丰富的背景。

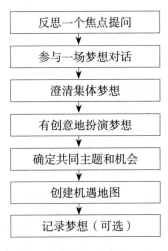

图 12 梦想，一步接一步

反思一个焦点提问

"梦想"阶段是通过让参与者安静地思考一个焦点问题来开始的，这可以是访谈指引中的最后一个梦想提问，也可以是一个完全不同的、为某个特定的活动制定的提问，例如：

现在是 20 年以后，刚好是一代人的时间，你的孩子们已经长大成人，他们已经有了自己的孩子，你的孙辈。你的孩子和孙辈所承袭的世界是一个美好的世界，比你曾经认识的世界更好。

- 它是什么样的？人们在哪里？怎样生活？他们做什么工作？他们怎样旅行？他们怎样学习？
- 想象一下，你和你最小的孙女坐在一起，给她讲故事，告诉她这个世界是怎样形成的。在 21 世纪初，你和其他人做过什么样的决定和选择，为他们这一代人正在享受的美好新世界铺平了道路？你们播下了什么种子？怎样滋养它？收获了什么？

把焦点提问给参与者，并给他们提供时间去反思。他们可能会做一个简短的访谈，可能会回顾他们从前的访谈、构建意义的报告或展示中得到的信息，或者安静地写几分钟日志。更好的方式是通过某种可视化引导引入这个问题，这是一个更缓慢、更催眠的过程，通过这个过程，他们将会享受到这个问题的高层次体验。无论采用什么方法，都要创造一个充满想象、鼓舞人心的未来焦点，为接下来的丰富的有创造力的梦想对话提供动力。

参与一场梦想对话

个人反思后，让参与者加入不同的小组参与梦想对话，每组最好不超过 20 人。这是一个开放式谈话，计划半小时到一小时完成。让参与者分享他们从别人那里了解到了什么，他们在自我反思中的希望和梦想是什么。观察一下这个谈话怎样激发更多的想象，主题和模式怎样有机地出现。

澄清集体梦想

现在，请小组集中精力澄清他们共同的未来形象，用一些提问激发他们的思考，比如：你听到了什么？它是什么样子？你怎么知道它在那里？鼓励人们描绘出未来状态的生动细节，包括组织和行业的角色。

有创意地扮演梦想

接下来，给小组30分钟时间，为他们的共同梦想做一个三到五分钟的有创意的表演，越有趣越好。我们愿意提供各种表达梦想的方式——图片、故事、小品、商业广告、报纸文章、歌曲、诗歌，以及其他任何"开放的游戏"。我们会鼓励成员使用房间里任何对他们有用的东西。有时候，我们也会提供一些道具，比如：乐器、艺术用品、布料、戏服。

一般来说，我们只有两个规则：每个小组里的每个人都必须参与创造和展示梦想的表演。

作为一种替代的扮演方式，组织可以选择绘画形式，做一幅大的梦想壁画，或创建一个时间胶囊项目。例如，2002年，"联合宗教倡议"决定支持地区峰会，而不是主办一个全球峰会。北美是第一个举行峰会的地区，在筹备期间，会议组织者很清楚，他们需要一个把信息从一个峰会传递到另一个峰会的方法。这个想法的出现，造就了一本会旅行的联合宗教倡议"梦想手册"。在北美峰会上，每个小组都在一页纸上画出他们的梦想，写下他们的希望，然后在背面签名。在把这些画着梦想的纸张整理成一本册子之前，每张纸都被挂了起来，就像是晾衣绳上的艺术品展览，展示了参与者对和平的共同梦想。这个册子被带到了非洲，册子里还有空白页，让非洲峰会的参与者绘制他们的梦想。最后，联合宗教倡议的"梦想手册"游历了七个洲，承载并激发着全球和平的梦想。

确定共同主题和机会

在全体会议上做完梦想扮演的展示以后，重新召集小组讨论他们在梦想过程中看到的主题和机会。主题往往是高层次的基于价值观的愿景陈述，比如"绿色生活""分享领导力"或"微笑服务"。创新机会往往更具体，比如"在肿瘤中心旁边的空地建一个社区花园""设计电子窗帘"或"培训迎宾员在门前迎接顾客"。主题和机会都很重要，因为它们指明了设计的方向。

这些小组如何给他们的梦想赋予意义取决于你问什么样的问题。以下提问供你参考和选择：

- 在梦想扮演中，最鼓舞人心的三个主题是什么？
- 在梦想扮演中，最大胆的三个创新机会是什么？
- 基于梦想扮演，你组织里的哪些要素提供了最大的改善机会：流程、系统、领导力、目标、战略、关系等。
- 在你的梦想扮演中出现的哪些新的可能性是基于正向核心强项的？

　　和欣赏式探询的每部分一样，作为一个引导者，你的提问将决定小组讨论和创造什么样的未来。

创建机遇地图

　　在小组完成梦想扮演的讨论和意义构建以后，再回到大组中。请每个小组分享他们所听到的共同主题和确定的具体机会，在每个小组分享的时候，把他们的想法都记录在一张机遇地图上，它是围绕着欣赏式探询主题的一个思维导图。展示 6 是一张描绘"医疗保健未来"的机遇地图，展示了许多主题和机会，都是来自一个大型的区域医疗保健系统的成员的梦想。

展示 6　机遇地图样本

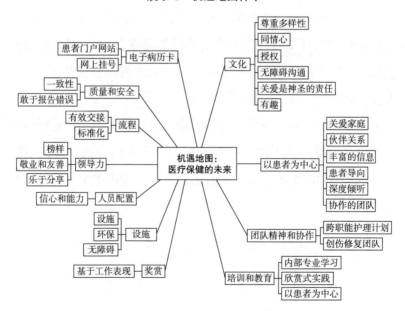

机遇地图是一个很好的工具，把所有想法整理到一起，对那些关于潜在创新和优先事项的对话提供视觉支持，这两方面的对话对于从"梦想"到"设计"的过渡非常重要。

记录梦想（可选）

制定最终的梦想和愿景陈述可由一个子小组完成或由一个大组引导。如果让一个小组创建了文档，一定要保证他们可以从整个组织获取足够的信息。草案可以在大组中讨论出来，然后由一个小组审阅和修改。这个小组可以主办焦点小组、网络对话或审核会议，以搜集整个组织的信息。无论一个小组从什么时候开始承担记录梦想这项任务，都要清楚他们是在为一个整体而工作，他们的工作是反映出组织最高层次的共同梦想。很多时候，这些人像是更大社区的"代笔人"。

尽管在大组环境里编写文档需要花费很多时间，但这样做的好处也是值得的。下面，我们介绍一种创新的方法，帮助亨特窗饰的一个由 75 名利益相关者组成的多元化小组书写战略愿景陈述。

亨特窗饰的"梦想"过程

欣赏式探询峰会第一次引入亨特窗饰作为"梦想"的工具是在"聚焦2000"项目中。很快，该组织的领导就认识到，欣赏式探询峰会是个强有力的流程，让大的群体参与到对未来的发现、梦想和设计中。从那时起，各种各样的集会，从年度客户会到工作沟通会，都采用类似峰会的性质。

以下部分描述了第一次和第二次欣赏式探询峰会的"梦想"流程，第一个是延续亨特窗饰"聚焦2000"专案的故事，第二个是关于欣赏式探询的"梦想"流程在战略规划应用中的一些独特视角。

亨特窗饰的第一次欣赏式探询峰会

第一次欣赏式探询峰会是在1997年秋天举行的，在三天的会议上，100名参会者共同梦想、设计和实现"聚焦2000"的口号承诺：所有的声音……所有的选择……所有的想法。参与者来自组织的各种职位、职能、级别，还有外部关键利益相关者：客户、供货商和社区成员。

整个一上午，与500位员工、客户、供货商和社区成员做完访谈、对话和收获分享后，就开始进入"梦想"阶段了。因为"聚焦2000"的目的是"为下一个千禧年创造愿景"，所以请参会者思考组织的卓越未来。

想象一下，5年后的今天，你作为一个基准管理团队的成员，来对亨特窗饰时尚部进行调研，你发现了什么？这个组织的什么地方引起了你的注意？是什么使它如此伟大？

在一个短暂的个人反思之后，人们再组成小组分享想法，并把这些想法汇聚成一个共同的梦想。每个小组有45分钟的时间讨论他们的梦想，然后用30分钟的时间为制定最有力的积极梦想做准备。

梦想对话是生动的，梦想扮演更加生动。在梦想扮演过程中，来参观亨特窗饰的（管道清洁天线装饰，pipe-cleaner-antennae-adorned）"外星人"向他们的最高指挥部汇报了关于亨特窗饰的人员和交流实践方面的情况。亨特窗饰时尚部的一个团队参加了类似于奥斯卡的颁奖典礼，庆祝他们杰出的合作和行业领先地位，另一个团队奉上的是一个特别的创新产品。

尽管这些演示是滑稽的，但对未来产生了非常重要的影响。例如，一个小组用电影《2011: 太空漫游》[68] 的开场音乐揭开了"可程序化窗帘的神秘面纱"。这种窗帘可以满足"你任何想要的：日出或日落，山景或海景"。尽管看起来滑稽到了极点，但这种可程序化窗帘的概念并不荒谬。不到三年，参与过战略规划的人们开始重新讨论创造一种"智慧"窗帘的可能性，窗帘可以根据一天中不同的时间和温度而自动升降。

在 12 个轻松愉快的演示中，每个都包含了一个强大的令人兴奋的信息。描绘出的那些形象永不会被忘记——多年后，人们还在谈论着它们。许多情况下，这些形象和信息为打造一种新型组织创造了必要条件，随着时间的推移，越来越明显。

第二次欣赏式探询峰会

亨特窗饰的第二波欣赏式探询 4-D 循环的焦点在战略规划上，在这个背景下，1999 年的第二次欣赏式探询峰会的目的是"为时尚部制定一个清晰的、令人信服的、有创造性的长期愿景，以及实现愿景的'途径'"。

这次峰会上的梦想活动有三个方面和第一次不同。第一，提前通知了大家，准备好公司的信息介绍（产品和服务、销售、技术、市场）、有关战略规划及战略方向和愿景调整的文章、参与者搜集的欣赏式访谈的故事。第二，小组梦想活动集中在清晰表述部门的核心能力、战略优势和战略机遇。第三，成果不仅仅是通过游戏扮演未来的共同梦想，而是一个清晰的、令人信服的、有创造性的10年战略愿景。

第一天下午，一位中层专业人员（在大多数组织中几乎没有参与过战略规划活动）描述了一个业务变革的新构想。他明确地告诉其他人，这个部门的核心能力与窗饰时尚毫无关系，而是和创造窗饰时尚的技术相关，房间里一下安静了，每个人都意识到他说的是对的。

这个理解的转变对组织的自我认知方式产生了根本性的影响，其结果是，对未来业务的首次描述断定了它在行业和市场范围两个方面的改变。它并没有把重点全部放在北美的窗饰时尚上，而是提出亨特窗饰的新意象：成为全球室内设计的领先者。总之，它为未来提供了全新的可能性。

一起书写梦想

在这次相同的战略规划峰会上，亨特窗饰尝试了一个"梦想"阶段的新高潮。顾问没有专门指定一个小组在会后单独撰写该部门的十年战略规划愿景，而是请所有参会者一起撰写。可是，怎么让 75 个人在不到 90 分钟的时间里完成这样一个任务呢？直到今天，这都是一个典型的记录梦想参与度极高的流程。

参会者在 8 人小组中进行了思考和梦想，在所有小组完成他们对公司战略愿景的构想后，每个小组指定一个人作为代表，组成了一个新的十人小组，新的小组成员围坐在这大群人中间的一张桌子旁，他们就像鱼缸里的金鱼：他们可以相互交谈，但其他人只能听和记笔记。

除了给小组代表的 10 把椅子以外，还有一把空的椅子，房间里每个人都可以坐这把椅子，包括认为自己可以有贡献的引导者，唯一的规则是，这些即兴的参与者一旦觉得自己做出了贡献，就马上离开这个座位。

"鱼缸"里的人被赋予一项任务，根据他们讨论出来的和在小组中及全体人员一起制定出来的最好的东西为部门撰写十年愿景。他可以从交谈开始，但很快就得开始撰写，这个过程一直持续到房间里的每个人都支持他们所撰写的内容和语言。

在 20 分钟的交谈和初步起草后，主持人按下暂停键，请"鱼缸"里的人回到他们原来的小组进行对话和辅导。如果他们愿意，小组的每个人可以指定另外一个人进入"鱼缸"。在 10 分钟的交谈之后，这个经过重新配置的"鱼缸"继续撰写 20 分钟，接着又回到原来的小组。在这两个 20 分钟的环节里面，大组的成员可继续随意进出"鱼缸"坐上和离开那把空椅子。

经过一个小时进行完两轮后，大组里的参与者接到指示："当你完全赞同核心小组做出的愿景陈述时，请安静地站起来，走到房间的右边。"在将近 20 分钟的时间里，全体参会者坐、站、坐、站……随着越来越多的人走到房间右边，然后，有些人又回到原来的座位上，气氛开始变得紧张。"鱼缸"里的那些人收到大家实时的令人信服的回馈，并马上给予响应。突然，每个人都站了起来，为愿景陈述欢呼和鼓掌！十年愿景就这样撰写完成了，一个新的未来形象出现了，伴随着这个新意象的是产品、服务和员工的新纪元。

整体性的好处

在 4-D 循环的每一次迭代中，亨特窗饰都让全系统参与梦想活动，这就让思维的广度扩大到计划之外，并释放了组织最正向的核心。领导无须告诉这些小组去梦想新的产品、流程和文化，参会者们自己就做到了——由于小组里有不同的人、经历和信息，所以就产生了明显不同层面的思考和梦想。主持人和领导者信任这个整体团队，可以从多个角度去考虑并完成需要完成的事情。

另外，这个全系统梦想过程还有一种强度和力量，超越它所创造的真实意象，释放能量并建立关系。从某种意义上讲，它让人们对新的未来有了积极的体验，在这里，人们相互了解和信任，为更高的利益而合作，培养个人和组织的希望和梦想。就像一名员工所说的：

> 在这次峰会上的新员工在之前可能认为这不过是另外一个工作，但现在他们会认为这是一个职业生涯，一个永远的归宿。我们不会重蹈覆辙。

同样，亨特窗饰另外一个部门的一名员工，通过"聚焦2000"和欣赏式探询峰会，表达了对时尚部领导层的看法：

> 在亨特窗饰，关于自我重塑，我们谈了很多，这个过程和这个部门是业务重塑的缩影。伙计们，我们走了很长一段路！

在集会的最后一天，一位客户对整体效果做出了最好的总结：

作为客户，我非常感激，让我在这个过程中荣幸地感受到自己像主人一样。正因为如此，我可以和我们的人说亨特窗饰正在做着最美妙、最精彩的事情。下次，如果我的同事对某种产品或许是胶水感到不满意，我就告诉他，我见过负责胶水的那个家伙，他真的知道他在做什么，他完全可以解决这个问题！

有关亨特窗饰的"梦想"的描述到此结束，亨特窗饰的故事在第九章"设计：给价值观和理想塑造具体形态"中继续讲述。

第九章

设计：给价值观和理想
塑造具体形态

"设计"，4-D 循环的下一个阶段，代表着一个扩展过程的顶点，在这个阶段，大量的人参与有关组织规划的本质的讨论，以及怎样的组织才能实现他们的价值观和梦想。简而言之，它对"将是什么"进行分类、筛分和严谨的选择。

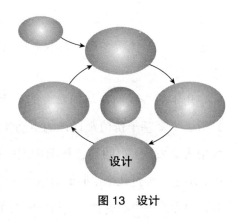

图 13　设计

本章讨论"设计"的概念，通过一个组织的"社会结构"使所有偏好得以实现，它显示了所选择的变革议程与欣赏式探询的"设计"流程之间的关系，为实施各种设计活动而提供一步一步的指导。最后，它用许多不同组织包括亨特窗饰公司的案例说明了这套指导方法。

基于价值观的设计

我们生活在一个充满设计的世界里，一个由人类思维、文字和行为创造的世界。语言是人类的设计工具，用对话表达这个过程。从时尚到汽车、学校的课程、医疗保健、工业生产过程、组织和社区这一切都是在交谈中设计的。

组织设计的目的是赋予人类的创造力和价值观一个表达形式，

从而实现人类的愿望。组织设计体现了架构、系统、战略、关系、角色、政策、流程、产品和服务中的价值，因此，组织设计需要选择。

几年前，我们在与加拿大的一家医疗保健公司一起工作时，经历了一个基于价值观设计的生动实例。在做公司战略规划的流程中大家发现：很明显，长期护理服务是一个新兴市场和战略商机。但是，经过几个小时的对话和深思熟虑，他们决定放弃这个机会，因为护理中心这种形式与他们的个人价值观和梦想不一致，他们想要的情景是：老年人有尊严地在家中生活，得到照顾。所以，他们没有进入长期护理市场，而是决定根据他们对人口结构变化的预期，缔造了家庭医疗保健业务，至今依然获利颇丰。

我们每个人既是世界的设计师，也是自己的设计产物，我们设计出来的产品、服务和组织一旦被应用，就会按照我们的意愿发生作用并影响我们的生活，无论是好是坏。玛格丽特·米德在她的《文化模式与技术变革》一书中告诉我们，叉子这个简单的用餐工具的引进，是如何改变新几内亚的文化社交模式的。[69]

一个更高科技、更现代的例子是信息交流的发展，我们称之为邮件。在过去15年中，信息交流技术已经从通过邮局邮寄信件，演变至通过联邦快递快速投递，通过电子传真机发送信息，通过互联网发送电子邮件。正如你所经历的，随着信息交流的每一步设计，工作和生活的环境都随之发生变化，对行动也提出了新的要求，工作中的一切都随着我们信息交流能力的提升而加快了。

人们在面对他们视为命运的事物时是故步自封的，或者，他们以两种方式影响命运，一是做选择，二是以把价值观设计到未来结构中的方式行事。最近，在太平洋西北部的一个小镇就把设计当作了改变他们命运的机会。小镇上的人们被一条将要修建的四车道高速公路所困扰，这条高速公路建成后会把小镇一分为二，他们宁愿选择积极主动地应对，也不愿意成为受害者。他们聚集起来，首先进行了一段时间的"发现"，他们花了一些时间思考那些对社区最好、最正向的事情，确定出无论发生什么变化哪些东西是必须保留的。他们对可能性和替代方案进行了研究，包括和其他社区的比较。然后，他们进入"梦想"阶段，尽管成堆的汽车、噪音和污染会不可避免地出现，还是想象怎样才能保持甚至提升他们当前的社区意识。后来，他们聘请了建筑工程师和景观设计师帮助他们设计未来。

其结果是设计了一种非常创新的解决方案，平衡州和小镇的需求，它既能承载直接的庞大的交通量，又保持了小镇的宁静，满足人与人之间和人与环境之间的连接。社区成员与州的代表会面，协商修建一条地下隧道，让高速公路从地下穿城而过，隧道的起点和终点分别距离小镇两边有一些距离。在这条高速公路隧道的上面，小镇修建了公园和开放空间，原来险些把小镇一分为二的公路从地面消失了，在这里，他们还特意设计了公共的田园空间。原本是一场灾难，后来转变成战略性正向改变的动力，使小镇成为那个州最宜居的社区之一。

当人们敢于梦想他们和组织能为世界所做的赋予生命力的正向贡献时，就没有任何一个现有组织设计适合实现他们的梦想了。

简言之，那些根据上一代价值观和梦想设计的组织，对于实现 21 世纪的价值观和愿望是不够的。等级制度和官僚机构这样的组织形式不适合实现全球民主化、自然资本主义或宗教间的和平。当前的组织设计无法体现出社会正义和环境可持续发展的后现代梦想。

欣赏式探询蕴藏着未来组织的潜力，通过对组织设计有意识的讨论来回答这个问题：什么样的组织形式能发掘人们最好的一面、鼓励合作，并赋予我们崇高的价值观和理想？

"设计"阶段的关键决定

在"设计"阶段有三个宽泛的决定需要考虑：设计什么？谁设计？如何设计？这三个决定必须在"设计"阶段一开始就做，以与你选择的变革议程相适应的方式进行。首先要决定的是"设计什么"，因为它将影响"谁该参与"和最适当的描绘理想的方式。

- **我们在设计什么？** 创业公司？组织文化？伙伴关系或联盟？价值链？一系列工作流程？
- **谁需要参与？** 所有利益相关者？一个小的设计团队？
- **我们如何描述理想的组织？** "激发性命题"？"设计宣言"？原则？流程图？

表 9 连接变革议程和设计目标

变革议程	设计目标
"如果你想改变……"	"那你该讨论和编写……"
企业文化	描述理想组织的提案
工会管理关系	工会管理伙伴关系的目的和原则
战略规划	战略远景和业务战略
业务流程	工作流程图
客户服务	卓越服务的原则
组织架构	描述理想架构的提案
领导力发展	领导力原则

我们在设计什么？

在每一个欣赏式探询中，"设计什么？"是一个必要的战略性提问，答案就在当你澄清和提交变革议程时，"启动"阶段的变革议程为"设计"创建了一个目标。表 9 中提供了一系列场景，表明了变革议程和设计目标之间的关系。

变革议程与设计目标的一致性至关重要，关键是要设计出你要改变什么，比如，美国海军为了组织各层级的领导力发展，进行了一系列欣赏式探询峰会。在这些峰会的"设计"阶段，参与者讨论并编写描述理想组织的命题——一个培养和造就各级最佳领导力的组织。

变革议程、肯定式主题、访谈数据与"梦想"之间的关系在"设计"阶段尤为明显。在每一个欣赏式探询的独特应用中，变革议程提出相关的肯定式主题，进而再指导"发现"。"发现"阶段收集的故事和资料与"梦想"阶段表达的希望和梦想相结合，提供了组织信息，基于这些信息，"设计"就形成了。例如，当墨西哥雅芳公司致力于加强正向的异性工作关系时，在他们能够把这样的工作关系设计到组织中之前，需要了解什么条件可以促进良好的异性关系。他们发现培训做不到，相反，当男性和女性在团队中一起工作、共同领导和分担责任时，这个良好的关系就自然出现了。因此，从原则上和实际情况上来看，他们已经创建了一个崭新的组织，在这个组织中，所有的工作和项目团队都由一位男性和一位女性搭档共同领导。因此，异性的工作关系得到健康发展，该公司被公认为女性的最佳工作场所之一。

谁该参与？

通常，"设计"的启动和完成都在同一个欣赏式探询峰会上。然而有时候，设计团队是代表整体工作的——要么为后续的审查和修饰起草材料，要么敲定最初在社区编制的草稿，这和全球跨宗教组织"联合宗教倡议"的案例一样。在第三届全球年度峰会结束的时候，成员组成了一个探询小组，负责研究其他备选的组织设计。一年后，为了能够有效地管理新组织的宗旨和原则以及来自全球的社区的意见和回馈，这个探询小组变身为设计团队。

与欣赏式探询的其他方面一样，所有相关方和受影响方都参与进来是"设计"活动成功的关键，尤其重要的是要包含一些参与过欣赏式探询流程的人，包括顾问团队的成员、利益相关者、小组里的访谈者和被访谈者、意义构建者。通过这种方式，人们可以根据他们在整个欣赏式探询过程中所搜集的故事的直接体验，确定和阐明他们理想组织的特征。

在挑选"设计"人员时，如能包含以下这些人也是非常有益的：

- **与不同组织有联系的人。**通过了解不同组织的故事和做事风格，能够很大程度上提升有关"设计的可能性"的讨论。例如，在讨论联合宗教倡议设计的那一年里，分享了很多组织的故事，包括联合国、天主教会、博乐门古默丽思神学院、匿名戒酒会、麦当劳和山地论坛。当"设计"的参与者讲述各种各样最佳组织的故事时，设计联合宗教倡议的创造性潜力变得越来越大。

- **各年龄段的人，从青年到老年。**不同年代的人的组合确保了创造性，且考虑了长远的影响。长者承载着经验中的智慧，他们有表达最基本和最简单的生命元素的自由，还有留下一份可传承的遗产的愿望，这些都是设计未来的宝贵资源。另外，年轻人是未来的灵魂，毕竟，现在设计的未来是属于年轻人和他们的孩子的。这个跨时代的对话唤醒了组织设计的创新潜能，因为每一代人都在思考各自时代的环境、价值观和做事方式。

- **不同领域的设计师，比如艺术和建筑。**这些人的生活都围绕着设计，创造出赋予生命意义的空间、结构和服务。他们为组织设计带来不同的视角、经验和提问。

> 无论是哪个领域的设计师，他们都懂得根据价值观、偏好和渴望去创造世界。
>
> ■ **组织中的学生**。在每个组织中，尤其是在很多大学里和咨询师小组中，都会有人对组织设计非常感兴趣。他们研究不同组织形式、组织隐喻，以及设计、生产力、社会幸福（social well-being）、环境可持续性这些方面之间的关系。在有关组织设计的对话中，他们增加了有关组织备选方案的知识和思考宏观社会系统的能力。

参与欣赏式探询"设计"的人数在整个过程中是不同的，开始只有 20 人，他们不断地吸引其他人参与进来进行审阅和修改，直到发展成一个 100 ～ 300 人的团队，他们在欣赏式探询峰会上讨论最后的设计。显然，参与的人越多，新设计就越容易通过行动而实现。

我们如何描绘我们理想的组织？

当我们让人们描绘一个组织时，大多数人会拿出一张纸，画一些方块，填上人名，说明职位和汇报关系，这是他们认为的有关组织架构的事情。当被问及如何在组织中把事情做好时，他们会笑着说："那是另外一回事啊！"然后他们开始讲故事，讲述如何通过合作、围绕组织架构工作和通融而取得了成就。通过这些故事，我们的组织得以生存，价值观变得鲜明；通过这些故事，我们学会如何把事情做好。理想的组织就存活在故事中，这些丰富多彩的叙述，就是行动中的信念和价值观描述。

因此，欣赏式探询的"设计"方法是让人们分享他们组织最好的故事，然后撰写他们理想组织的描述。这些描述通常被称作"激发性命题"，但也被称为"设计宣言""可能性命题"和"设计原则"。在不同时间，用不同的名字，但要始终确保它们是：

- **叙事宣言**：提出理想。
- **激发性的**：超越常规，形成新颖的、更期望的互动形式。
- **肯定性陈述**：生动的正向意象。
- **意向宣言**：构成理想。

从理论上讲，激发性命题建立在"语言创造世界"这个概念上。语言唤醒现实的力量已经被世世代代各种文化所认可。正如夏威夷的一句古老谚语所说"语言中有一种力量——呈现生命也呈现死亡"[70]。就像肯定式主题服务于个人一样激发性命题服务于组织。它们是一种组织的肯定——用现在时态对期待的未来理想的陈述。在他们最好的状态，不可抗拒地吸引他们到期待的方向。

激发性命题在"目前最好的"和"未来最好的"之间架起桥梁，它是拓展现状的陈述，挑战常规，提出切实的行动、活动、架构、实践或关系。尽管它们意味着行动，但并没有规定一个具体的行动或行动步骤。例如，州政府的领导在接见了市民和聆听他们的梦想后，写下了以下的激发性命题：

政府的大门为所有公民敞开。我们欢迎公民来访问我们的办公室，并为公民提供查询有关项目和服务信息的简便方式：面对面、在线和电话。

高激发性的陈述的确蕴含着行动，当写下来的时候，没有人能想象出实现它的方式。最令人惊讶和雀跃的是国会开放日，政府的大门真的对市民敞开了。参加开放日的民众人数创了纪录，公民的意识水平和参与程度也因此得到戏剧性的提高。

设计，一步接一步

正如我在书中反复说的，没有哪个单一的方法可以完成欣赏式探询的任何活动，"设计"也是如此。图 14 中的这四个步骤提供了一个宽泛的框架来考虑"设计"，最终目标是对理想组织有一个肯定的陈述。这些步骤可以在欣赏式探询峰会上用一天完成，或在一年的流程中完成，就像"联合宗教倡议"的那个案例。

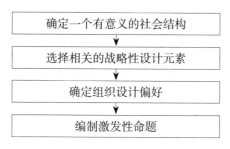

图 14　设计，一步接一步

确定一个有意义的社会结构

当我们谈到组织设计时，想要解决的其实不仅仅是组织架构问题，"设计"的第一步是要确定我们想要改变的社会结构，这个社会结构是一个建立组织的模型，暗含着一组设计元素。

什么是设计元素？我们都熟悉地基、屋顶、墙壁、窗户、门、地板等建筑设计元素，所有这些对于一个建筑来说是必须设计和施工的方面。建筑物包含几百种不同的元素：大到地板、墙壁和供暖系统，小到门把手、水龙头。在设计和建造一座建筑的过程中，每一种元素都要按照主人的偏好精挑细选。

打比方说，组织也可以有它的设计元素，那些为了组织的存在必须要设计和运作的事物。一个组织的社会结构可能包括以下任何元素：愿景、目的、战略、架构、领导力、决策、沟通、系统、关系、角色、知识管理、政策、流程、产品和服务。总的来看，设计元素可以当作一种社会结构。

有许多已经被认可并经常使用的组织设计模型提供了不同种类的设计元素，可以用作描述理想组织的一个框架，例如：

- **麦肯锡的 7–S 模型**中的七个设计元素，就是一种被很多现代企业所认可的社会结构：次级目标、战略、架构、系统、员工、风格和服务。

- **大卫·科滕的九个"后企业时代（postcorporate world）系统设计元素"**为组织的社会结构提供激发的

可能性。这九个元素是：以人为本的自组织、村庄和社群、城镇和区域中心、可再生能源的自给自足、死循环材料的使用、区域环境平衡、正念生活、区域间电子通信、原生空间。[71]

■ **迪伊·霍克的混序模型**提供了一种看待 21 世纪组织相关设计元素的方式，它平衡了混乱和秩序。一个混序的组织是自身催化的、自治的、适应性组织，它表现出混乱和秩序两种特征。基于对自然秩序的深深敬重，组织的社会结构包括：目的、原则、组织概念、人员和实践。[72]

■ **黛安娜·惠特尼的"正向组织的社会结构"**描述了九个元素：演化的目的、和谐的整体、欣赏式领导力、正向情绪氛围、强大的意义中心、适时的架构、自由经济、积极参与、关怀文化。这九个元素中的每一个都是组织和社区创新及变革的竞技场，这些元素组合起来，就打造了一个欣赏式组织，激发出人们的最佳状态，体现正向变革的持久能力。[73]

这些组织模型和其他类似的模型可以用来指导"设计"活动。然而，在许多情况下，欣赏式探询的参与者都会通过确定与自己的业务和行业相关的设计元素来创建自己的社会结构。例如，在《**欣赏式探询：以想象的速度改变**》一书中提到一个观点，提供一套简便易行的流程来创建自己的社会结构。[74]

选择相关的战略性设计元素

"设计"的第二步是选择社会结构中需要设计的方面，即相关的战略性设计元素。

很少会有组织选择一次性完全重新设计，更常见的情况是采取迭代式的重新设计过程，一个设计元素的转换往往会导致另一个元素的改变。例如，新的业务战略可能会引发建立新的客户关系的需求，进而可能引发文化转型的需求，然后再引发新的组织架构、新的信息管理系统、新的工作流程设计等。

在"设计"过程的这一点上，寻找可能在探询过程中出现的任何相关设计元素，你要透过正向核心和未来梦想这副双聚焦镜头来审视你现有的组织。最初的肯定式主题和提问引出了最佳组织的描述。然后，随着搜集故事和分享未来梦想，理想组织的形象就出现了。这些理想组织形象显示了相关的设计元素，以下示例会帮你了解设计元素是如何嵌入理想未来的意象中，又如何从中浮现出来的：

- 在一个医疗保健峰会上，参与者们设想了"患者信息门户网站"：患者及其家属可以自由地查询甚至添加他们的记录，嵌在画面中的设计元素就是他们的电子病历系统。
- 大学课程设计委员会成员设想了"教室里的高度互动教学流程以促进互动"。嵌在他们梦想里的两个设计元素是教学方法和教室设计。

- ■ 一家全球信息管理公司描述了他们将如何"利用科技这个促动要素去推动跨业务间的双向沟通"。嵌在这句话中的设计元素是沟通。

最相关性的战略性设计元素是那些能够让你实现梦想的元素。例如，可以将办公室空间看作一个组织设计元素。我们曾经去过这样一些组织，人们推崇开放式和人与人之间的平等交流，但同时业务却处于根据相反的价值设计的组织架构中。一个人的职位越高，他的办公室楼层就越高，办公室空间就越宽敞，办公桌就越大，墙上挂的艺术品就越昂贵。宣扬的价值观与实际表现出来的价值观显然是不一致的。

相比之下，我们的一位客户将透明度视为核心价值，而且是正向核心的一个关键元素。这个组织的成员在其公司总部选择用玻璃来设计墙壁，那些通常远离日常工作噪音和活动区域的高管办公室被移到了主层的中心位置，所有员工都能看到，任何人有需要的话，都可以直接去拜访。

还需要考虑工作流程和工作设计的设计元素。许多组织通过雇用和解雇合同工的方式来管理组织业务的变化。相反，另一个客户把工作保障视为其正向核心的一个元素，以此为标准，该公司特别设计了一个组织，运营两个不相关的业务，这两个业务都起伏不定，但刚好是相反的业务周期。当一个业务逐渐减少时，另一个业务开始回升。在这一年里，人们在两个业务中有机地来回转换，他们的工作设计就是根据淡旺季交替工作。通过这种方式，公司平衡了业务工作流程需求和员工就业需求。

最后，还要考虑权力和决策——组织设计中两个更重要的元素。在许多公司，当员工们表示他们没有能力为某件事做出决定时，尽管表达的方式不同，但我们听到的却是同一个意思："这不是我的工作。"对比而言，想要重组工作流程的公司应考虑赋予团队更大的权力。在对生产制造是否重新设计或者重新启动的利弊进行了一番深思熟虑后，该公司开设了一家新的创新工厂，坐落在墨西哥的一个村庄里，这个村庄以拥有亲密的家庭关系和成功的家族企业历史而闻名。以家庭为单位被雇用为工作团队，授权和决策都由团队来决定，这样，业务的正向核心和村庄是兼容的，因此，业务和村庄都得到蓬勃发展。

确定组织设计偏好

"设计"的第三步是识别所选择的每一个与设计元素有关的偏好和理想。偏好会明确说明想要的设计元素的质量、性质或种类，换句话说，哪些会被参与者认为是理想元素？哪些是他们偏好的元素？

什么是偏好？让我们回到建筑的比喻上。在设计一个青年中心时，一个社区的偏好可能是水泥地基、倾斜的屋顶、木门、彩色玻璃窗、淡蓝色的墙壁；而另一个社区的偏好可能是仿古地板、屋顶绿地、开放的门廊和窗户、土墙。两个社区都有相同的设计元素，却表达了非常不一样的偏好，因此，他们理想的建筑也将非常不同。

把社会结构的比喻应用在组织设计中，我们可以看到，对于任何组织设计元素都可能有很多的偏好或理想的选择。以决策为例子，有些人和组织认为达成共识是理想的选择，他们看到考虑不同观点的重大价值，确保每个人都有机会表达自己的观点。为了达成完全共识，他们认为花多长时间都值得。

其他一些人和组织喜欢快速做决定，即使在信息不完整和参与不充分的情况下。他们建立清晰的权限，明确谁在什么情况下可以决定什么。他们重视并奖励那些敢于冒险和行动的人，哪怕单方面采取行动。共识决策和快速决策都是有效的，从不同的偏好视角来看，这两套设计都是完整的。但很明显，不同的偏好预示着不同的理想组织形象。

走向未来。也就是说，确定组织偏好是一个走向未来的过程。这时候该参考你的探询数据包括了所有收集到的故事、正向核心地图、组织的未来梦想。回头看看这些数据是如何让你了解组织最优秀的方面。反思你的梦想并讨论你最理想、最期待的组织是什么样的，这是回顾你的机遇地图的大好时机。如果你已经做过，它将让你对自己选择设计元素时的具体偏好有更深的洞察力。

使用你的数据来确定组织对选择出来的所有设计元素的偏好。人们对领导力最看重的是什么？是他们的工作？组织的最佳状态？团队精神？这些提问以及其他一些提问的答案会让你更充分地理解你的组织偏好。现在，只需要你排列出你对每个设计元素的优先次序，稍后你把这个列表变成有激发性的命题。

1. 我们选择的设计元素	2. 我们在发现阶段所了解到的	3. 梦想预示我们想要的东西	4. 我们的激发性命题

图15　设计工作表样本

我们通常把在欣赏式探询的"发现"阶段和"梦想"阶段搜集到的信息整合进"设计"阶段的工作表中。如图15所显示，这个工作表说明人们记录关键的发现，并将它们与所选的设计元素整理到一起。设计元素放在第一列，"发现"的设计偏好放在第二列，"梦想"中的设计偏好放在第三列。这样，数据就组织起来了，准备好在下一个的流程中使用：编制激发性命题。

编制激发性命题

"设计"的第四个步骤，也是最后一个步骤，是编制"激发性命题"，这需要把所有列出的组织偏好转化成肯定陈述。可以以大型团队或小型设计团队的形式进行。无论哪种形式，人们必须使用他们最关心的设计元素。

只有发自内心，"设计"活动才能够成功。我们都会思考理想组织的样子，然而，真正说出我们最渴望的东西需要极大的勇气，也需要同样大的创造力找到创新的方法，把我们的理想设计到组织架构中去。

一般来说，每个激发性命题都涉及一个或多个关键的组织设计元素，在某种细节的程度上，它说明了参与人的偏好是如何在组织中体现的，它描述了一个理想的组织——能活出最好的过去，同时又能实现最有希望的未来。

为了编写激发性命题，首先要回顾你列出的每个设计元素的偏好，然后先打一个草稿，在征求组织里其他人的意见后，完成终稿。最后，你的激发性命题将：

- **用一般现在时陈述**。在表述未来理想时，就像已经存在一样。
- **基于有效的方法**。基于在"发现"阶段涌现出来的最佳实践的故事。
- **激发性**。使组织超越熟悉的领域。
- **令人满意的**。选择人们想要的组织。

这些激发性命题通过反映被访谈者和参与了欣赏式探询的那些人的声音、想法和梦想来描绘理想组织。

表10展示了三个激发性命题，综合起来，其实都是为了你的未来提供一些参数。这些用现在时陈述的激发性命题为"你将成为谁"播下了种子，它们是令人鼓舞的目标，是对行动的召唤，是对"命运"的挑战。

表 10 激发性命题样本

设计元素	设计内容
沟通	与市民沟通是一个反应迅速的市政府的基础。我们通过公平和参与性流程与市民进行开放而真诚的交流。我们积极征求市民的意见并保证响应。我们组织内部系统根据市民的意见来设计和重新设计。
信息和知识管理	掌握最新的信息是我们服务于客户和保持专业能力的工具之一。每个人都能获取他们工作中需要的信息。我们最先进的知识管理系统允许每个人创建个性化的信息组合，并与他人分享最佳实践，主持在线对话，并在竞争中能保持领先的地位。
组织架构	我们致力于自主工作，这符合我们的使命和愿景。整个公司的员工都通过他们独特的知识、技能和兴趣为公司做出贡献，甚至延伸到他们的职责之外。在公司的晋升和奖励机制中，鼓励员工超越个人职责而自愿做出贡献。

亨特窗饰公司的"设计"

在"聚焦 2000"项目的设计时间里产生了七个"设计宣言"，增强了组织的正向核心，并为未来的成长铺平了道路。通过让不同的员工和外部利益相关者参与到这些陈述的创作之中，亨特窗饰公司的领导帮助一线员工提升了能力，使他们的眼界超越了本职工作。下面的内容描述了这个富有激发性和激励性的流程对事物的短期和长期的影响。

第一次欣赏式探询峰会上的"设计"

"聚焦 2000"项目的设计活动在第一次欣赏式探询峰会的次日开始。经过一天半的"发现"和"梦想"活动后，以小组为单位起草激发性设计宣言（激发性命题）。每个小组都编写了一段文字，描述了一系列设计偏好，这些设计偏好是对"当我们处于最佳状态时，我们是谁？"这个提问的回答。团队工作了几个小时，连夜总结他们的工作，第三天早上的第一件事就是完成终稿。就像"沿着艺廊散步"，每个参会者都审阅了所有的文稿，并给了欣赏式回馈，"设计宣言"最终敲定并提交给整个小组的 100 多人。

为整体业务设计

同在这次峰会上，当参与者选择他们的设计元素时，人们的能量和注意力都发生了明显的转移。最初引导探询的主题和提问关注的是与人相关的故事、希望和梦想。第一个激发性提问是"这一切对消费者意味着什么？"然后是"我们的新产品怎么样？我们的创新怎么样？如果不是因为我们的创新能力，我们就不会是现在的我们！"高层领导，来自兄弟部门的高管以及外部客户作为一个整体敦促这个团队，激发人们的思考超越目前人们所关心的事物，在设计组织的社会结构时考虑到整体业务。

当初看来是一连串颠覆性的提问变成一个重要的正向焦点。最初负责选择主题和编写访谈提问的小组严重忽略了一线生产员工，这些员工一向没有机会参与大多数重大业务决策，因此他们缺少设计可持续和可盈利业务所必要的知识、经验和观点。

随着整个系统的出现，峰会参与者能够共同思考和设计整体业务。他们选择围绕更多的设计元素进行设计，超出了最初的5个主题。即使是围绕最初的5个主题构建的"设计宣言"最终也进行了修改，融合了与客户和产品相关的议题。因此，最后的一组"设计宣言"描述了一个在创造力、领导力、教育、沟通、客户和产品各方面都很理想的亨特窗饰公司。

回顾过去，领导们意识到各个利益相关者的出席帮助人们的思考超越了个人眼前的工作，使他们能够考虑新的观点，这有效地为部门的长期生存扫清了道路。

激发新的工作方式

在亨特窗饰公司的"设计"中，一个耐人寻味的方面是，随着时间的推移，"设计宣言"中一些看似无关紧要的短语有机地发展了，巧妙地激发出新的思考和工作方式，贯穿整个系统。一个很好的例子是"客户设计宣言"中的一个短语："客户渴望与我们做生意，是因为与我们做生意很容易。"

在第一次峰会后的几个月里，整个组织的人开始谈论"与我们做生意真的不容易"这句话。"我们可能是想让它很容易，但说实在话，客户在订购我们的产品时需要办理很多烦琐的手续，他们每天都要和各方面不停地沟通，而我们的回复时间又很慢。"公司员工在阅读和反思"设计宣言"时，开始想象一个新的景象，客户与亨特窗饰公司做生意不仅是因为我们有非凡的产品，还因为我们有卓越的客户服务。

过了一年左右，该部门完成了企业整体信息系统的转型，并在过程中为客户提供了一个更清晰简洁的流程。与此同时，一些人自发组织起来，负责与客户的沟通，处理关键业务流程的基本质量工作，随后，上级组织决定在北美运营中采取一种"全面质量管理"的方法。

时尚部的领导成员一起探索了"全面质量管理"的精髓，当他们看到欣赏式探询带来的神奇的正向成果后，思考如何引入一种锚定在解决问题上的方法？经过数周的讨论，答案出来了。当他们想成为"与之做生意很容易"的那种人，"全面质量管理"的方法在某些方面对他们来说确实是有用的，他们会选择那些有意义的部分，并与欣赏式探询结合起来。

最终结果产生了一个新的项目：专注卓越。该项目于 2000 年初提出，历时三年，通过欣赏式探询进行了流程改善和生产成本的削减。也许最重要的是，它使亨特窗饰时尚部成为一个更关注客户、客户至上的组织。无论在哪一方面，最初的探询精神与"设计宣言"的语言一起开始渗透到业务模式中，激发了一个新的工作方式，随着时间的推移，成为组织角色的一部分。

有关亨特窗饰公司的"设计"的介绍到此为止，亨特窗饰公司的故事将在第十章"命运：启发性行动和即兴行动"中继续讲述。

第十章

命运：启发性行动和即兴行动

"命运"是欣赏式探询
4-D 循环的最后一个阶段，
是三维的。第一个维度是认
可迄今为止在这个过程中所
了解到的东西，这个维度支
持那些在整个组织中萌芽的
计划外的即兴变化。第二个
维度是开启跨职能、跨级

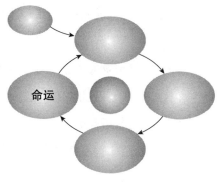

图 16 命运

别的项目和建立创新团队（常见的是以欣赏式探询学习团队的形
式），这些团队共同启动一系列目标驱动和行动导向的变革。第三
个维度是欣赏式探询在整个组织中的项目、流程和体制上的系统
应用，提升组织正向变革的能力。

到目前为止，组织里有着巨大能量和学习能力。内部对话
都是有关访谈的故事，改变了人们的工作和生活，阐明了最
佳实践，节省了时间和金钱，保持了客户关系。人们都在谈论
欣赏式探询如何以各种不同的方式渗透到组织中，成功就在
身边。

在本章中，你将学到如何利用该流程前面几个阶段的成功带
来的价值、如何支持你的"梦想"和"设计"的自组织实施。此
外，你还会看到亨特窗饰最初的欣赏式探询流程是如何演变成持
续的探询和创新循环的。

"命运"阶段的主要决定

"命运"阶段涉及释放自组织的创新能力，以便实现未来的预期，在这个阶段要做的决策包括：

- **我们如何获悉我们已经取得的成就？**通过调查？欣赏式探询？故事宣讲会？
- **我们如何庆祝？**怎样使人们对正在进行的创新有觉察和感到兴奋？认可如何激发持续的行动？
- **自组织行动的参数是什么？**时间？资源？领域？
- **我们如何自发组织团队？**我们是与现有工作小组对接，还是另外组建欣赏式探询学习团队？
- **我们如何获得成功的支持？**人们需要什么样的资源、支持和专业知识？谁是提供帮助的最佳人选？

命运，一步接一步

很少有欣赏式探询是线性的，因此，每当我们一步一步描述时，提供的仅是一个宽泛的框架，而不是一个单一的路径或进展，在"命运"阶段，这种情况是最多的。

特别是，"命运"阶段的第一步和最后一步——"沟通和庆祝成就"和"欣赏式探询的系统应用"——都会在欣赏式探询的整个过程中出现。例如，我们在第六章"肯定式主题的选择"中所说的，即使组织启动的是在一个组织范围内的探询，也经常会引发许多系统和流程的变化。

这就是说，即使它们在整个过程中都发生过，我们也要更详细地探索每一步，图 17 中列出的每一步都会在"命运"阶段重新进行，通常是在欣赏式探询峰会的总结活动中进行。

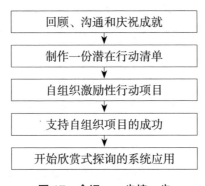

图 17　命运，一步接一步

积极地肯定

世界各地的毕业典礼上，毕业生都会听到这样一句话："今天是你的毕业典礼，也是一个新的开始。"毕业典礼是一个新的开始，延续着学校的研究、学习和发展，是一个人该从所学的东西中获益的时候了，把新的想法付诸实践，实现自己的发展，这就是"命运"。

"命运"中的重要一步是确定、沟通和庆祝正向的改变以及创新和欣赏式探询的成果。在许多情况下，变革的沟通和变革本身同等重要。往往，在经过数月或数年的重大变革努力之后，公司的内部对话会充满类似话语："时间和钱都花了，什么变化都没有。"其实可能已经发生很大的变化，但没人知道。欣赏式探询的艺术在于定期的、有创意的、有趣的沟通，宣扬组织的成功故事，突出组织最好的方面。

"命运"是让人们反思的时候，反思从流程开始以来所发生的变化，分享过程中最精彩的部分，并认可和表彰那些有影响的志愿者。记住，话语创造世界。请人们回答"请告诉我，自开始欣赏式探询以来周围所发生的正向改变"这个提问时，肯定会引出一连串的成功和值得庆祝的理由。

产生行动想法

在"设计"阶段，你构想了一系列激发性命题或对理想组织的描述。现在，在"命运"阶段，你要思考所有可以实现理想的有创意的方法。无论是在欣赏式探询峰会上还是在一系列的小组会议上，都要询问利益相关者："为了把设计变为现实，你对实质性行动、项目或流程有什么想法？"让人们针对每一个激发性命题提出这个提问，鼓励人们对访谈进行反思，把回顾最佳实践和模范组织作为激励的源泉。

最好的想法既切实可行又令人兴奋，它激发人们对实现理想的信念，激励人们采取行动。例如，在一次关于儿童福利的峰会上，一位曾是寄养儿童的年轻男子，为了实现他的愿望曾多次光顾法庭，这次他提出了一个想法，让大家眼前一亮。这个激发性命题是关于儿童福利院系统的操作友好性，他建议重新设计青少年法庭：把长桌换成圆桌，请法官从台上走下来，和孩子及他／她的辩护人坐在一起，并为孩子们专门安排一个等候房间，这样，可以让他们感到轻松。

自组织行动

探询和对话能够引发突然的正向改变——这个概念被许多信奉行动导向和关注结果的领导者认为是无稽之谈；即使在清晰而明显的改变过程中，我们也经常被问道："我们什么时候制订行动计划、设定优先级、决定要改变什么？"由于认识到生活中所有美好的事情都是由深谋远虑（计划）与机会主义（即兴）组合而成的，我们经常建议在欣赏式探询的"命运"阶段组建"创新团队"。

正如我们在第二章"欣赏式探询的方法"中所说的，创新团队是一群志愿者，自愿去开展项目，使组织朝着新描绘的"梦想"和"设计"方向发展。他们是自组织的，因为成员都是基于个人兴趣和热情自愿参加的。创新团队的参与者一起选择有激情的他们由衷希望实现的项目。

所选项目范围和规模是不同的，在有些情况下，团队选择以人为本的项目，在另一些情况下，团队也会启动对业务有直接影响的项目。创新团队的项目包括：

■ 销售和客户管理的跨职能团队流程。

- 一个欣赏式解决问题的流程——取代传统的冲突式解决问题的方法。
- 基于欣赏式探询的新员工培训。
- 就公司总部潜在搬迁事宜与员工的探询。
- 交叉培训项目，叫作我和我的影子。
- 业务素养工作坊。

不管选择什么项目，创新团队都可以从一个良好的开端中受益。我们发现，提供一个计划框架——无论是工作表还是挂图形式都有助于让团队成员达成共识，从而解放思想进行创造性对话。在创建计划框架时，我们要考虑组织文化和规划的需求，特别是，我们要使用一种能吸引创新团队成员的语言和图标风格，包括以下类别或提示，团队有时间在第一次会议上达成有意义的共识：

- 项目名称或描述。
- 团队目的或专案愿景。
- 小组名单，包括"组长"。
- 项目概述——做什么、何时、何地、怎么做等。
- 确定短、中、长期行动，需要什么样的协助及完成日期。

我们在为 IHS 公司主持峰会时使用了这种计划框架。IHS 是一家全球信息和洞察公司，它将自己描述为"关键信息和洞察的来源"。在这次峰会中，每个创新团队都使用了和展示 7 中一样的模板，尺寸和挂图的大小一样。模板中集中了团队的讨论和演示，为记录决策提供了空间，给组长提供了一些具体信息以说明他们未来的活动，以及标准化的团队笔记——有助于峰会结束时的信息转录。计划框架可以引导对话，以利于创新团队充分利用有限的时间。但是，我们如何才能帮助这些相同的团队协同工作，并以一种高效及有意义的方式互相学习呢？**团队内部**做全面计划需要**团队间**的快速实时的意见和讨论，一个很好的平衡时间的方法是我们称之为"画廊漫步"的过程。下面是一步一步的流程：

展示 7　IHS 计划范本

项目名称 / 描述		
目标 / 愿景	小组成员 （括号代表是"组长"）	
项目概述（做什么、何时、何地、怎么做等）		
短期行动计划（2 个月）		
行动	需要什么样的协助	完成日期
中期行动计划（2 至 12 个月）		
行动	需要什么样的协助	完成日期
长期行动计划（大于 1 年）		
行动	需要什么样的协助	完成日期

1. 创新团队会在他们自己的项目上工作长达 2 个小时。

2. 团队通过完成这两项工作为"画廊漫步"做好准备：挑选一名演示者和他们一起工作，并展示给其他创新团队的成员；决定他们的成员将要探访其他哪些创新团队，理想情况下，某个小组的成员也会探访其他每个小组。

3. 每个人都要参与第一轮"画廊漫步"，每一轮时间 15 ~ 20 分钟。在此期间，演示者向每一个小组的访客宣读他们的计划，分享主要的讨论和决策要点，并回答提问。然后，探访者会在颜色编码的索引卡片上写上他们的回馈和意见以响应提示语，诸如：
   - "我喜爱的概念……"（白色）
   - "强化计划的想法……"（黄色）
   - "与其他计划的潜在重叠之处……"（绿色）
   - "可用资源……"（蓝色）

4. 重复第三步三到四轮。

5. 当所有的回合结束后，人们回到最初的创新团队中，分享他们在探访中的收获，并快速地记录下他们将如何基于听到的对计划做出改变。

我们在一个由五家医院组成的卫生保健系统的区域转型研讨会中使用了这个流程。在不到 3 个小时的时间里，自组织创新团队起草了 9 个不同的有关转型机会的详细计划。然后，每个人都探访了 3 个不同的团队，听取了计划并提供了结构性回馈。 最后，成员回到自己的团队时，将他们的发现整合到"下一步"的建议中。研讨会结束时，这些建议被整合为一个最终的变革计划和资金提案。

经过对欣赏式探询多年的研究，我们仍对新成立的创新团队把探询作为他们有创意流程的开始的使用频率感到好奇。在得益于对关系建立、学习、开发大胆潜能的欣赏式探询后，团队会经常在他们的项目领域开启探询。例如，一个致力于创建公司价值观认同项目的团队以访谈开始他们的工作，询问人们对认可和奖励的高峰经验。另外一个专注于为客户设计一种非凡抵达体验的团队通过访谈同事开始他们的工作，询问同事有关非凡的抵达实践、客户的希望、非凡抵达体验的画面。

建立一个支持性基础结构

要想持续下去，激发性行动和即兴行动必须得到热情的培养，这涉及整合、沟通、辅导、资源以及整个组织的认可。因此，组织必须建立一个支持性基础结构——最理想的是与现有组织架构和业务模式相结合。

IHS 信息技术部门特别擅长创建支持性基础结构。他们的顾问团队成员要协调、整合及沟通在全球峰会上组建的 4 个创新团队的活动。顾问团队既可以利用现有系统和流程做到这一点，也可以根据需求创建新的系统和流程做到这一点：

- **技术辅助协作**。当峰会参与者回到支付地点（disturbed location）时，顾问团队鼓励创新团队用公司内网上一个集中的共享点（Share Point）存储、交换和编辑信息。此外，该团队还主动使用了公司现有的电话会议、美国网讯公司（WebEx）的技术，以促进正向的虚拟合作和基于关系的决策。

- **团队间沟通**。创新团队从一成立，就每月见面分享进展、交换想法、整合他们的成果。除此以外，顾问团队还在隔周的电话会议中安排出时间给创新团队做更新和讨论，从而促进团队间的定期沟通。

- **领导支持**。为了提升领导对创新团队和他们的目标的支持，顾问团队成员给那些没有参加过本地、区域和全球流程的人员做了更新介绍，这些流程导致形成四个最终团队。此外，高管领导层把创新团队的报告放到他们每月的营运回顾中，以确保有足够资源和支持，保证团队的成功。

- **全员参与**。在全球峰会后不久，区域实施峰会就开启了，会议议程中突出的是创新团队的演示和回馈，包括邀请那些希望参与的志愿者。最后，一个较大的IT团队通过他们以前安排的全体会议，每季度收到有关创新团队的进展和成果的更新。

- **奖励和认可**。团队拥护者们把他们的个人目标放到绩效计划中，体现出创新团队的目标成就。同样，团队领导者和团队成员的年度评估通过集体确定项目的实施也反映了他们对组织流程的贡献。

这种支持性的基础结构与 IHS 公司的文化和目标完美契合，但其他组织可能会选择截然不同的方法。无论采用哪种方法，那些有意识或刻意通过整合、沟通、辅导、资源和认同培养激励性行动和即兴行动的组织，都最有可能从大规模长期的欣赏式探询流程中获得持续性、引人注目的甚至扩展性的成果。

扩展欣赏式探询的应用

系统地引入欣赏式探询涉及对核心流程、系统和结构进行持续的再设计，以使它们与组织的正向核心、梦想和未来的设计保持一致。在许多情况下，这个工作是通过创新团队不断展开的行动来完成的。另外一些情况，涉及额外的培训和欣赏式探询在组织流程和系统中的广泛应用，比如：新员工培训、领导力发展、绩效评估、客户满意度调查、员工意见调查、团队建设、主管培训及多元化。

例如，美国海军在举办了一个 265 人参加的峰会之后，在海军研究生院成立了一个"正向变革中心"。该中心成立的目的是为了继续培养在峰会上发起的项目，也许更重要的是在整个海军中为这种新的工作模式造声势。在前 6 个月的运行中，该中心为不同的网站提供内部咨询；组织了另外三场峰会；协调开发了一个内部网站，通过这个网站，人们可以交流故事、卓越领导力和最佳实践；还培训了几十名军官用欣赏式探询的方法进行变革。

可持续性：持久的正向改变能力

如今，欣赏式探询已经相当成熟，成了一种被广泛认可和推崇的组织和社区变革方法，随之，可持续性的问题也变得尤为突出。在无数的组织挑战中使用过欣赏式探询的顾问、领导者和学者们都在探讨它的长期有效性。我们如何把欣赏式探询的原则和实践的意义从一个完成工作的工具提升为组织文化规范？组织如何维护甚至提升他们对"欣赏式"有意识的关注、他们探询的偏好、他们的关系责任立场以及他们的组织架构？我们相信，这些提问是一个更大、更重要的提问的子提问：组织和社区如何培养持久的正向变革能力？

多年来，通过支持数个组织发展这种能力，我们发现了四个关键战略：

1. **深化欣赏式智慧**。欣赏式探询项目，伴随着对主要参与者的培训与教育，几乎总会包含一些最佳实践的交流。要保持持久的正向变革能力，就要求有更多的人接受培训和教育，每天传播最佳实践，以及持续进行有关组织强项和未来正向意象的对话。组织培养了一种新的工作方式，用一种独特的适合人们所在环境的方法，让他们在欣赏式探询和其他正向变革实践中接受全方位的培训。与此同时，他们通过一些行动来扩展探询、提升参与度和知识：积极征求新员工和外部人员的建设性意见、定期反思组织强项、积极征求组织新形象，并**一直**吸引尽可能多的利益相关者参与。

2. **建立欣赏式实践和流程**。大多数 4-D 流程会导致对一个组织的社会结构中的几个关键元素进行有意识的重新设计。具有持久的正向变革能力的组织在欣赏式探询项目结束很久之后，依然会广泛地定期应用欣赏式探询的实践和流程。他们会用欣赏式签到和回馈来开始和结束会议。或许，他们还将把 360 度欣赏式回馈融入辅导和绩效评估中，或者在分配工作时与人们的强项和爱好相匹配。他们通过奖励、认可机制和庆祝尝试一种新的方式，把讲故事制度化。他们让新员工访谈高效员工或参与同事辅导活动，把新员工带到这样的实践中。简而言之，他们在任何可行的地方都建立了欣赏式实践和流程，为人们提供了许多不同的参与方式。

3. **扩展欣赏式探询**。拥有强大的持久正向变革能力的组织总是寻找在"业务的业务"中应用欣赏式探询的有力方法。他们会在企业并购整合或开展新业务和为新业务单元做人员配置时使用欣赏式探询。当他们建立一个新的设施时，他们首先会研究什么会给环境带来活力，然后以此进行设计。即使面对缩编或裁员，他们也会使用欣赏式流程，让利益相关者参与对他们有影响的决定，并设想可能发生的情况。无论遇到怎样的提问和挑战，这些组织首先想到的就是欣赏式探询的原则和实践如何帮助他们找到答案。

4. **培养欣赏式领导力**[75]。最后，拥有持久的正向变革能力的组织会通过辅导、培训和体验的结合，有意识地培养各级的欣赏式领导力。欣赏式领导力是一种激发个人、组织和社区最佳状态的关系过程——把个人和组织潜力转化为正向力量的过程。培养欣赏式领导力的组织积极鼓励各级领导者去实践**探询**（Inquiry）、**点亮**（Illumination）、**融合**（Inclusion）和**启发**（Inspiration），并用这些品质**完整**（Integrity）[①]地去创建一个为所有人工作的世界。因此，组织强化了他们欣赏式文化的结构，取得了成果，进而为社会做出了正向而持久的贡献。

一家权威的信用机构展示了一种持久的正向变革能力——在一次大裁员后，它选择用欣赏式探询设计了一个新的员工轮班制。受影响的各方聚在一起进行了一次探询，设想一切可能性，并共同制定出一个激发性命题，反映出他们理想的轮班制。

然后，领导者给参与者30天时间设计和提交有关如何实施激发性命题的具体方案。5个小组分别演示了他们的方案，每个

---

① 5I 是欣赏式领导力的五个战略；Integrity 除解释为正直、诚信外，在这里是"在做决定时考虑整体"的意思，所以译作"完整"——译注

方案的评估都用的是欣赏式方式。前人力资源副总裁泰尼·普尔说："起初，人们对我们用4-D流程重新设计这样一个有争议的系统表示怀疑，但结果证明，这个怀疑是错误的。这个可以达成组织目标的新的轮班制度得到团队成员的一致同意，并顺利实施了。我们意识到，即使在最困难的情况下，正向变革也是可能的。"

多年来，我们有幸见证了几家组织和社区把欣赏式探询作为他们永恒的哲学和实践。我们刚提到的那些战略教会我们很多东西，愿我们从他们的案例中学习，为世世代代留下一份有关正向变革的遗产。

亨特窗饰的"命运"

接下来的部分，我们回到亨特窗饰"聚焦2000"项目的峰会，与你分享"设计宣言"是如何演变为"行动团队"的。我们追踪了亨特窗饰的"命运"流程，从峰会开始，到行动团队，再到实质性结果。这是亨特窗饰案例的最后一部分。

开始组建行动小组

在第一次欣赏式探询峰会的第三个下午，自组织小组形成了，对之前所写下的设计宣言采取行动。一支麦克风放在了一个容纳100人的会议室中央，问题被提了出来：谁有激情用行动来实现这些"设计宣言"？

到了"打开麦克风"的时间，任何有想法的人都可以拿起麦克风诉说自己的观点，共产生了35个想法。小组把重叠的想法做了归类，经过多次投票后剩下14个。提出这14个想法的人被召集在一起成立了一个小组进行讨论，其他人都被邀请与这14个人中的任何一位讨论他们认为需要做什么、什么时候做、如何做。

没有人被指派或被强迫参加任何小组的讨论，事实上，在讨论期间，人们有一小时的时间可以公开地去"散散步或看看蝴蝶"，如果这样做能让他们感觉很受鼓舞。尽管有选择，绝大多数与会者都参与了长达一小时的对话，讨论这14个行动领域中的一个或多个：达成共识、职业发展路径、新员工培训、推广欣赏式探询哲学、交叉培训、沟通、导师计划、同事互助小组、消除强制性加班、工作生活平衡、亨特窗饰大学、培养创造力、客户和领导力。

在最后一小时的讨论中，除了一个小组，其他小组都同意在峰会结束后继续开会，有的小组甚至已敲定好下次开会的时间。

支援结构

峰会结束一周后，超过半数的行动小组重新召开会议，开始思考他们想要达成的目标。但在几天内，部门的领导也清楚认识到，有些小组要想成功，需要帮助。好消息是，这些小组已经由那些有激情做事的人召集起来了；坏消息是，这些人中只有少数人具备相应的背景、技能和能力来成功支持类似的小组。

人力资源部的一名员工自己承担开发了一套培训规划以支持这些行动小组。在她的建议下，每个小组推选了一个引导师。通常情况下，这就是最初的召集人，许多召集人又从组织中招募了更多的小组成员。通过这种方式，"聚焦 2000" 项目的精神在第一次峰会后得以巩固。

每一位召集人 / 引导师都会接受 4 个小时的引导技能培训，包括带领行动小组的指导原则。以下是所提供的指导原则：

■ 明确你希望行动小组要达成的目标。

■ 从业务领导团队中招募两名共同拥护者来支持
你。一定要招募那些能够给你的小组提供有
意义的支持和独具慧眼的人，你招募他们一
定是因为他们的职能、专业知识或者兴趣。
■ 通过生产主管提前安排行动小组会议来确保
面面俱到。在正常工作时间内，你的小组成
员每周最多需要花2个小时做与"行动小组"
相关的工作。
■ 你的小组成员在下班时间为志愿行动小组工
作，需付他们加班费。
■ 最后，你的行动小组要制订一份详细方案，以
实施你们所选择的变革，每个方案都要展示给
顾问团队，以便做资源调配和支持，方案包括
时间表、成本、责任等。

　　行动小组中的共同拥护者（cochampions）需要参加
为时一个小时的培训，他们将了解规则和支持的重要性，
帮助团队成功完成他们挑选的任务。
　　最终，"聚焦2000"项目的顾问团队成员成了行动小
组的工作的整合者，他们记录所有小组的活动，并帮助
他们消除重复工作。作为一个整体，顾问团队还审查行

动小组的方案并实施相关的行动。

拖延还是孵化？

在峰会的一个月内，似乎一切都停止了。此后数月
这些行动小组似乎也都消失了。组织里的人们开始问：
"'聚焦2000'项目怎样了？"顾问团队也开始紧张起来。
最终，由于人们如此关心这个项目，以至于顾问团队的
每个成员都自愿作为一个专员去支持13个行动小组中的
一个，由于担任了这个职务，他们便承担了项目整合者
的角色。

有时候，顾问团队的专员碰巧已经在行动组工作，
要么是行动组成员，要么是共同拥护者。在其他情况下，
他／她只是一个感兴趣的协力第三者，工作内容如下：

- 跟上小组的步伐。
- 随时向顾问团队汇报小组的前进方向。
- 在必要的情况下，在部门领导层面前保留对资
  源和支持的诉求。

一次，当顾问团队在做登记时，发现13个行动小组
中的11个实际上已经非常有魄力地离开了。大多数小组

经历了最初的混乱期，正试图确定他们的工作范围和权限，以及成员资格等等。但是尽管有最初的混乱，几乎所有的小组都缩小了他们的关注范围并开始行动。似乎所有小组都为自己创造了一种"孵化期"。在 10 个月之内，他们提出了以下行动方案，得到顾问团队的批准，并代表部门开始实施：

- **新员工培训**。开发并实施了一个有 21 个模块的新员工培训。在这个项目实施的几年里，新员工在正式入职前就开始接受培训，用这种方式在整个公司建立团结意识，教育人们要有整体业务的概念。

- **认可**。在第一次峰会后的 8 个月，举办了有史以来第一次员工表彰晚宴，表彰了"聚焦2000"项目中的"男女英雄"。出席晚宴的每个人都获得了同事的提名，其中有 5 位员工得到多人提名，因此也获得更大的奖励。公司立刻把表彰活动制度化，并把奖项与日常业务挂钩，而不是只局限在"聚焦 2000"项目上。

- 另外，一个基于价值观的认可计划开始启动，让大家认可彰显公司价值的行为并讲述同事们的故事。当人们得到最高级别的认可时，就会享受到和带薪假期一样美好的礼物。

■ **工作场所的乐趣**。这个小组基本上成了常务委员会，每月组织一次全公司的活动，目的是让大家开心和提高士气。第一年，他们的庆祝活动包括"着装主题日""为你的主管着装日""扎染日""奇装异服日"①以及"来自过去的爆发"，即把年轻时的照片或值得回忆的东西带到活动上。

■ **导师计划**。开启了两个正式的导师计划：迷你导师计划是为那些有兴趣探索特定职业轨迹的人设计的；全面导师计划是为另外一些人设计的，他们希望有一半的培训是他们专业以外的。

■ **推广欣赏式探询的哲学和经验**。启动了每月一次的受邀参加的非正式聚会，称之为"嘉年华"，目的是给那些平常难以接触到的员工介绍欣赏式探询的原则，这一群体包括所有因为语言或文化差异，或因疑心重而无法或不愿全程参与"聚焦2000"项目流程的人。

---

①　奇装异服日（Clashing Day）：要求这一天着装的颜色不协调——译注

■ **自愿加班和弹性工作**。在第一次峰会时，最令人沮丧的是强制性加班，仅在这次峰会的8个月后，通过跨部门共同努力和改善计划，强制加班几乎被消除了。一年后，其中一个业务部制定了一套新的排班表，允许人们一周工作四天，休息三天。三年后，办公室员工有了弹性工作时间和远程办公的选择，生产部门员工则尝试灵活排班和工作分担制。

■ **亨特窗饰大学**。在第一次峰会的6个月内，采取了一些措施成立亨特窗饰虚拟大学，作为亨特窗饰的员工、客户和利益相关者的职业和个人发展的主要资源。两年后，该部门的一个培训中心开始筹备，1999年，亨特窗饰大学正式开放，建立了一个计算机实验室、图书馆、职业资源中心、多个会议室，以及一个可分割的和宴会厅一样的大教室，有视听设备，可容纳150人。公司可以在这个教室里定期举办大型跨部门、跨级别的会议，促进学习，增进关系，连接公司更大的使命和愿景。这样的活动目前已经成为该公司的核心实践。

■ **职业发展路径**。在"聚焦2000"项目两年后，公司雇用了一个半职的职业规划师，为员工提供一对一的职业咨询、简历制作辅导以及与职业相关的培训与发展。这个职业规划师负责亨特窗饰大学新成立的一个职业发展中心，该中心积累了公司目前所有的职位描述和组织的架构图。两年半后，在每一栋楼里都出现了可以查询到包含基本职业信息和现有学费报销项目的计算机亭。

■ **创建共同愿景**。在访谈中，人们一遍又一遍地表达最初的愿望是在公司看到更清晰的愿景——一种更清晰、更有说服力的"我们要去哪里"的感觉，让人们更有条理地分配时间和资源。在"聚焦2000"项目草案设计完成一年以后，该公司举办了第一次战略峰会，不同部门的100名员工（在参会之前都进行了访谈）大胆地为公司勾画了新的战略愿景。

突发性改变

行动小组的成功令人瞩目。但也许，在"聚焦2000"项目过程中，最显著的变化是在我们有条不紊地进行

4-D 循环时出现的。项目开始的几个星期里，组织以强大的、惊人的、有机的方式开始改变。

派普是一名夜班纺织工，她对老挝难民的访谈激发了她不同寻常的行动。在第三次访谈后，她说：

> 我被这些人的英雄气概征服了！他们离开了自己的工作、家乡和家人，他们住在难民营里，又逃离了难民营。他们在不人道的情况下前往这个国家，最终到达了美国，为了什么？因为他们不懂英语，就只能接受他们能得到的任何工作吗？
>
> 这是不对的！我已经决定在午餐时间教他们英语，如果能够教他们英语，我也决定学习一些他们的语言。

同一天，派普打电话给公司的人力资源副总裁，表示愿意教授英语课。经她协调，几个月后，当地一所社区大学的课程落户园区。具有讽刺意味的是，人力资源部多年来一直在努力把"英语作为第二语言（ESL）"的项目虽然落地但没有成功。几周后，派普的访谈所释放的能量成功战胜了系统的惰性。

在项目开始的9个月后，顾问团队询问组织："在

'聚焦2000'项目里，你们见证和经历的最重要、最正向的变化是什么？"有趣的是，答案都指向那些强大的突发性改变。虽然75%的受访员工都只是间接参与了"聚焦2000"项目，但大多数人认为亨特窗饰的工作环境比"聚焦2000"项目之前更友善、更温和、更开放。针对这个问题，领导们谈了更深刻的变化：

- **提高了产量和生产力**。产量和生产力都得到改善，尤其是在那些充分接受欣赏式探询哲学和实践的部门或团队中。在整个部门中，运营改进的建议增加了100%，这反过来对质量和内部客户服务都产生了很大的影响。

- **离职率降低**。离职率是6年来最低的，尽管当地市场几乎不存在失业问题。

- **流程创新**。在例行的跨业务单元访谈中，其中一个部门的打印机操作员发现姐妹业务单元有一台双折打印机，打印能力翻倍。于是，他把这个想法带回到自己的部门，改造了一台类似的打印机，这台机器最终为该业务单元省下了购买新设备的22万美元。

第一次欣赏式探询峰会结束两年后，请亨特窗饰的领导层回顾他们在全系统探询的前两年取得的一些成就，总经理佩利特先生（现任时尚部总裁）回顾了他注意到的一些显著变化：

在过去几年里，该部门和公司其他部门之间的关系确实提升了，这在很大程度上是"聚焦2000"项目的功劳。跨部门合作就是在"聚焦2000"项目中提出的，造就了一个集成的、流线型客户的沟通流程。在这个部门的领导下，更大的组织开始在整个北美建立产品质量和客户服务之间的关系，再一次使用该部门在欣赏式探询中学到的工具。

与此同时，人力资源副总裁迈克·伯恩谈道：

也许，在我们部门，最为人津津乐道的改变是人们越来越多地参与到个人和专业发展活动中，无论是工作时间还是非工作时间。这包括正式的课程、培训计划、导师计划、职业发展活动以及同事互助小组。例如，在我们开始介入的6个月里，报名学习戴尔·卡耐基课程的人数飙升。第一个"演讲俱乐部"和随后几个分会成立并"毕业"。两个课程的学员绝大部分都是小时工和非专业人员，特别是来自公司生产部门的员工。

简而言之，公司在实施严密的有计划的创新之前，欣赏式探询就已经开始让公司发生改变了。

作为一种生活方式的欣赏式探询

经过两年的服务，"聚焦 2000"项目的顾问团队自愿解散，在他们的闭幕会议上，团队成员回顾了一些使用欣赏式探询的方法以及给公司带来的益处：

第一，当亨特窗饰北美公司面临 ISO 9001 认证和系统转换为 SAP 这两个挑战时，欣赏式探询让他们轻松了很多。据佩利特说："这些改变（通过提高产品质量标准，改变了我们的业务模式）是无限的，因为有了欣赏式探询。"

第二，1998 年的夏天，该部门制定了持续的全系统战略规划流程，这是在第二次欣赏式探询峰会上提议的（见第八章"梦想：愿景和未来的声音"）。这个流程最终包括了年度会议、全系统会议、业务单元会议和基于欣赏式探询的战术规划会议。

第三，公司实施了对"卓越"项目的关注，把欣赏式探询行动小组任命为业务流程改进团队。在他们成立的第一年里，"专注卓越团队"（之前的行动小组）为部门节省了 350 多万美元。

第四，新成立的交流小组进行了一次探询，创建了时尚部的口述历史。以最初的"聚焦 2000"项目的访谈中出现的"当初……"故事为基础，让员工访谈服务年限少于三年的不同员工，收集关于该部门最优秀的故事，这些故事被录制和编辑，用作新员工培训、召开工厂和部门会议、制作员工简报时的基础信息。

在亨特窗饰第一次引进欣赏式探询的 5 年后，可能只有少数人知道如何描述欣赏式的探询。它已经不再是一个"项目"了，取而代之，它已经成为一种思维模式和工作方式，能在短时间之内达成非凡的成果。这是事实，（或许因为）欣赏式探询已经悄悄融入背景之中，成为组织和员工的第二天性。亨特窗饰不是"做"欣赏式探询，它就"是"欣赏式探询，他们开发了促进全系统正向改变的核心能力。

在距第一次欣赏式探询 10 年后的今天，亨特窗饰时尚部依然是亨特窗饰全球最大、最赚钱的部门，也是世界领先的窗帘创新者和制造商。现在，该部门已生产出五种不同产品（刚引进欣赏式探询的时候有四种），收入增长了31%，而员工人数在过去10年里只增加了4.5%。它继续从正向的文化、战略成果以及早期实施欣赏式探询产生的效能中获益。

在1998年的欣赏式探询战略规划峰会上，员工们的愿景是在一个新兴市场应用公司的专利技术：室内设计。他们设定了一个五年的目标，2003年，他们研发并推出钛科丝（TechStyle，亨特窗饰具有专利的玻璃纤维）吸音吊顶，目标如期完成。他们也按照计划，通过剥离新业务和做他们擅长的领域，继续专注于正向核心：窗帘。新业务，亨特窗饰的专利产品，目前位于科罗拉多州桑顿市亨特窗饰一个新的园区，为商业市场制造和分销创新的吸音吊顶。

也是在这5年里，1998年到2003年，亨特窗饰时尚部在销售、利润和效率上都得到显著提升：

- 销售增长了30.1%。
- 利润增长了37.1%。
- 员工离职率下降了52.2%。
- 退货率下降了55%。
- 织物的准时交货率：97%。

■ 遮光布的准时交货率：95%。

2009 年 10 月，部门简报的 20 周年纪念专刊发到员工、客户和社区合作伙伴手里，展现公司历史的故事和照片中有一段叫作"记住聚焦 2000"的章节，吉姆是一位高级发展工程师，也是早期亨特窗饰文化转型的贡献者之一，做了以下分享：

欣赏式探询影响了亨特窗饰的成长，它让我们看到：得到的答案取决于所提出的问题。当我们问"我们做什么可以让我们改进"时，我们就设定了一个成为"世界级"组织的愿景，并为我们的持续成功奠定了基调。许多当今最受珍视的项目，举几个例子来说，奖学金和贡献委员会、亨特窗饰大学、ISO、回收利用，都根植于"聚焦 2000"项目和欣赏式探询。当组织动力持续向正向前进时，伟大的事情就会发生。[76]

正如吉姆所说的，欣赏式探询使亨特窗饰的文化产生了永久性的正向改变。事实上，"亨特窗饰模式"就是定期让不同的人一起研究过去哪些是有效的，想象未来会发生什么，并从那里开始创造——鼓励人们去做他们擅长的和热爱的事情。欣赏式探询是推动文化的持久动力，是一种哲学和实践，这已深深铭刻在时尚部员工心中，甚至包括那些在欣赏式探询完成很久以后入职的员工心中。

欣赏式探询使亨特窗饰能够建立在它的正向核心之上，并在10年的行业变革中保持领先地位。事实上，亨特窗饰时尚部连续3年被评为科罗拉多州最佳雇主。我们编写这书的第二版时，特别感恩有机会曾与亨特窗饰时尚部（HDWFD）的员工一起工作，我们由衷地希望公司在未来的岁月中能够继续从欣赏式探询中学习和受益。

第十一章

欣赏式探询：社区规划流程

在过去的十年时间里，很多不同类型的社区已经使用了欣赏式探询来创造新的谈话模式，取得了积极和有效的成果。通过使用欣赏式探询，城市、州、县和全国性社区、宗教团体、卫生保健社区以及专业的实践团体明确了长期的方向，创建了未来的愿景，在不同人群之间架起桥梁，为未来的可持续发展打造了创新计划、政策和项目。

这些举措已经证明欣赏式探询的效果，它是一个特别适用于社区规划的流程。扩展了我们对于全系统参与变革流程的意义的认识。在一个又一个情境中，欣赏式探询已经帮助社区的领导者解决了三个问题，这些问题对于成功的社区设置的参与式规划至关重要：

1. 我们如何建立领导联盟，并让那些生活和工作在由各种不同亚文化和群体组成的社区里的人参与其中？
2. 我们如何确保社区的每个人都有机会参与并发表意见，从而使产生的规划真正是社区的规划？
3. 在建立和加强社区整体意识的同时，我们的规划如何为令人鼓舞的行动和值得瞩目的成果创造条件？

在本章，我们将聚焦在这个点上，那就是通过三个社区的实践来说明用欣赏式探询进行社区规划时所涉及的流程。这三个社区是：科罗拉多的朗蒙特县、中北美省的善牧姐妹会以及布尔德县（科罗拉多）的老龄化办公室。在本章结尾处我们提供了在社区规划中使用欣赏式探询的 10 个建议。

三个社区以及他们欣赏式探询的故事

尽管这三个社区的领导者使用他们自己的语言来表述各自的目标，但他们心里都有着同样的高标准。他们希望通过从广泛的成员中收集意见和想法，为自己的社区描述一个清晰的未来路径，从而使社区成员活跃起来，建立并加强彼此的关系。基于这样的想法，他们选择用欣赏式探询作为大规模全系统的规划方法。

每个社区都有数百人参与到根据他们不同的需求、内容和社区而定制的欣赏式探询的 4–D 循环中。欣赏式探询在社区规划和发展方面无条件的肯定、积极向上的方法使所有人受益匪浅。

在接下来的部分，我们将呈现每个案例的重点和使其独特而富有意义的具体方面。在每个案例中，我们选用一个欣赏式探询的核心课程来讲述故事，描述社区的变革议程（他们期望达成的）、他们的探询战略（他们如何使用欣赏式探询）以及他们获得的主要成果。

"聚焦朗蒙特"：分享你的愿景，创造我们的传奇

第一个案例是关于科罗拉多的朗蒙特，一个约 8 万人的城市，坐落在丹佛大都会北部，是一个人口快速增长、零售业竞争激烈的地区。这是一个欣赏式探询的"发现"故事——各种综合的方

式使庞大的多样化群体参与其中，最终形成了一个有社区承诺和行动动力的规划，所有这些都是在相对紧张的时间内完成的。

21 世纪初，朗蒙特的领导者们认识到一个虽遥远但意义重大的挑战：在 2020 年之前，规划住宅开发的剩余区域将在城市规划的边界内建成。

市议会和工作人员选择积极主动应对，因为他们相信朗蒙特应该保持独立并远离城市的肆意扩张，于是他们启动了"聚焦朗蒙特"项目。该项目的设计初衷是让社区参与决定他们的未来，以及如何融资。项目对目的的阐述是："制定社区支持的战略政策。如果据此执行的话，将确保朗蒙特的未来是一个充满活力的独立社区。"

与很多都市一样，朗蒙特拥有一个庞大的高度多样化的选民基础和复杂的领导结构。他们选择用欣赏式探询与构成城市多样化的亚文化接触。"同大多数社区一样，通常是同样的人一次又一次地出现在市议会会议、社区庆典和公共论坛上。"芭芭拉·刘易斯顾问说："我们要扩大感兴趣的、参与的公民数量，并建立关系，提升对该计划实施的接受度。"

广泛深入的访谈

项目的领导者选择采用一个复杂而全面的访谈战略来应对这一挑战，它结合了一对一欣赏式访谈和结构化小组访谈，生成基准和即兴对话。这个战略为人们提供了选择，使社区成员可以选择适合他们的工作日程、生活方式和语言偏好的方式和时间来参与。

一个由 34 人组成的访谈小组开始用英语和西班牙语与 100 名社区的催化者（catalyst）进行一对一的访谈，这些访谈对象是被挑出来作为城市里很多子社区的非正式意见领袖。项目的领导人戴尔·拉德马赫解释了他们是如何选出这些人的："我们把城市想象成一个巨大的网络，有影响力的人就住在交叉点，这些人认识其他人。他们如果加入进来，就会吸引他人的关注并影响其他人参与进来。这些人是可以帮助我们把其他人带到流程里来的人。"

接下来是结构化的小组访谈，项目的领导人称之为"社区对话"。活动的设计初衷是让现有社群参与进来，来自两三个或四个不同俱乐部或团体的 16 ~ 24 个人参加了这个 3 小时的集会。高中的足球运动员采访老年中心的老人；来自城镇不同区域的邻里协会以"看似不可能"的组合方式聚在一起进行对话，对大家来说都是平生第一次；为了了解西班牙语社区的居民，用西班牙语进行了两次社区谈话。社区谈话成功地使数百人参与其中，这是用其他的方式办不到的。他们在启动阶段就提升了人们的兴趣和参与度，建立了新的关系和伙伴关系，这为计划的成功实施铺平了道路。

访谈者还进行了所谓的现场访谈。访谈者在他们工作时和住在社区时，都随身携带着从较长的访谈指引中摘取的个性化提问，一有机会，就问个问题。现场访谈发生在当地的足球场、药店，访谈对象有送报的男孩、当地杂货店的收银员。这种方式使访谈者能够快速有效地让更广泛、更多样化的公民参与进来。

最后，一群社区成员还与其他城市的人进行了访谈，向他们学习可能适合朗蒙特的方式和实践，他们称之为最佳访谈。他们从全国选了 150 个类似的城市，决定拜访其中 4 个。朗蒙特有 4 个欣赏式探询肯定式主题，每个城市都在其中一个主题的领域居于知名的领先地位：

- **一个巨大的前廊。**温暖、舒适、宾至如归、有着强烈的空间感。
- **提升我们的环境遗产。**致力于对自然环境负责的管理工作。
- **激动人心的生活和商业个性。**独特、鲜明、有吸引力的特性，带来强有力的经济基础。
- **在朗蒙特一起繁荣。**彼此承担责任和尊重的文化，帮助人们充分发挥自己的潜能。

最佳访谈启动了市政伙伴关系，激发了人们的创造力，而且延展了人们对朗蒙特及其未来的想象力。

所有的故事和想法到最后成了什么？经典的语录记录在纸片上并铺成了一条"黄砖路"——有 175 人参加的社区峰会的入口通道。伟大的故事和想法汇总成一个 15 分钟的幻灯片在峰会中放映并得到认可。所有这些故事增强了城市的口述历史并为持续的正向行动铺平了道路。

结果

通过各种措施（无论是计划好的还是突然发生的），"聚焦朗蒙特"项目都取得了惊人的成功。首先，也是最重要的，市领导达到了他们预期的目的：市民们共同明确了五个战略方向并形成了书面政策以确保其贯彻执行。在接下来的几年里，城市领导把战略作为一个框架来进行决策。他们有意识地利用在正向核心分析中确定并清晰描述的强项，特别是催化型领导力（facilitative leadership）——一种承诺支持和促进社区行动相结合的企业家风格，使这个城市没有直接权限的时候也能发挥作用。另外，城市议会在每年的目标制定过程中，一年又一年地回顾战略方向。由"聚焦朗蒙特"项目产生的战略规划被三届城市议会和两任市长采纳和支持，持续了四年后，成为凝聚朗蒙特市市民的核心力量。

同样重要的是，这个计划的推动不仅仅依赖城市的正式领导，还有那些挺身而出执行战略任务的市民。市民们还加入了很多额外的社区参与的过程。例如，有关公共安全税收的选择、移民融合的公共对话、被称为"重塑退休"的构想过程。2006 年，"聚焦朗蒙特"项目赢得了"国际公众参与核心价值观奖"，城市本身赢得国家公民联盟的"全美城市奖"。

善牧省全省范围的规划

第二个案例是关于宗教社区的。美国中北部的善牧省（PMNA）姐妹会的领导团队想让整个社区参与，共同明确他们未来的方向。基于原来建立的核心价值观：慈悲、和谐、热情和个人价值，领导团队决定邀请姐妹会和善牧人（即让合作者们共同履行教团的使命）参与一个欣赏式探询流程以庆祝他们所做的优秀工作，并确定未来六年的发展方向。这是一个关于"整体性"的故事：他们如何使社区的**每一个人**参与到欣赏式探询的 4-D 循环流程中；如何保证在建构大量数据的意义的同时，还能听到每个人的声音；未来如何达成社区范围的共识。这是一个关于如何用欣赏式探询流程真正使整个社区参与的故事，这既强大了社区又增强了社区成员对最深层价值观的奉献精神。

或许，与其他社区相比，宗教社区更能理解作者彼得·布洛克笔下这句话的含义："社区提供了归属的承诺并号召我们认可相互依存。"[77] 2006 年，善牧省的善牧姐妹会意识到，他们之间相互依赖，采取措施共同规划他们的未来非常有必要。那时候，250个信徒和姐妹们正在中北部的二十多个地区生活、工作和礼拜。这些人年纪最大的已经近 75 岁了，并且未来老龄化现象还会更严重，与此同时，年轻成员的数量却在下降。该省的领导团队希望寻求一个与他们的誓言协调一致的流程，而且这个流程还要保证他们能把所有姐妹会成员都考虑进去。

他们选择了欣赏式探询，是受到他们的创始人的启发，她说："我无法解释，但在我们的使命和我的灵魂中，有一些神圣的事情在发生，那是一些非同寻常的东西，一条恩典之河正在淹没我们的组织。"相信欣赏式探询能够帮助他们再次进入"恩典之河"，规划社区的未来，五人领导团队深深地潜入河中。使徒领导团队的成员参加了四个工作坊，并完成了正向创变企业的证书课程：欣赏式探询和正向变革实践。在项目中，他们绘制了欣赏式探询的 4-D 循环流程图，最终使近 600 人认清使命参与了探询，并对未来五个方向有了清晰描述。

行动中的整体性原则

由于善牧省姐妹都在社区里生活和服务，所以让每个人都有机会参与对未来的规划是非常重要的。这意味着需要整个社区都参与到流程中的每一个步骤：核心团队、访谈、意义建构、未来展望以及未来方向打造。并且还需要他们参与到强化社区组织架构方面。

同心编织我们的未来

27 个姐妹和 8 个非神职合作者组成的核心团队"牧羊（引领）"了流程。他们第一次聚在一起，学习了欣赏式探询，确定了主题，并制定了有四个肯定式主题的访谈指引：

　　■ 牧羊人社区。

■探索本地及全球范围内牧羊人的影响力。

■牧羊神的创造。

■牧羊：一种生活方式。

他们设计的探询战略是使中北美所有社区成员都参与到一对一和小组的欣赏式访谈中。

访谈是令人振奋的。他们给每个姐妹说话的机会，有些用英语，有些用西班牙语，有些用越南语。他们在社区内架设了桥梁：使徒和沉思姐妹间、"医务人员"和神职人员间、姐妹和非神职合作者间。欣赏式访谈取得了巨大成功，它使姐妹们重申他们的使命，加强了彼此的关系并分享了他们对未来的想法。

发现完整故事

让全系统参与了欣赏式访谈后，核心团队遇到了一个典型的欣赏式探询挑战：如何确保意义建构的流程提升人们的社区意识并让每个人都感到被融入、被听到和被理解？换句话说，如何对大量的数据进行意义建构，合成一个已在社区分享的"完整故事"？如何服务于整个社区，以揭示并阐明社区的最大强项及对未来的希望？

访谈的过程产生了744页的故事，都是值得引用的语录和对未来的期望。编辑在一起时，档案塞满了六英寸的档案夹。核心团队对所有共享信息进行了审核、解释和赞誉，并决定把这些数据分别整理。摘要表用不同的颜色分别标注了四个肯定式主题，

"核心团队"成员自己选择进入哪一个主题组。每个主题组里的每个人都分到四分之一的资料（35～50页）去阅读和审阅。这样，每份文档都被多次阅读，但谁都不必读完所有的文档。要求每个阅读者把744页中自己阅读的那部分归纳到六个"资料总结工作表"中：

1. 中北美善牧省（PMNA）的正向核心。
2. 我们应该继续的正向贡献领域。
3. 反思：我在字里行间读到的神圣迹象。
4. 我们未来的形象：我们的神职人员和我们的社区。
5. 行动机会。
6. 未来的优先事项。

经过两个小时的阅读、反思和祈祷之后，核心团队开始加入主题小组对话。他们遵循一个清晰且重要的指导原则：确保近600名被访者的声音能在讨论、总结和展示中被听到。小组内部对话和与核心团队的对话持续了三天，产生了一套引用近600名被访谈的善牧人的语言来阐释的方向陈述草案。

这套方向草案在全省分享时，获得了高度认可。人们欣赏核心团队如此认真倾听并反思整个社区的想法、感受和对未来的希望。社区对话使所有姐妹能够反思并提出优化草案的建议。核心团队收集并综合所有的意见，提炼了草案，为社区对话和在2008年的分会上的最终确认做好了准备。

我们因信念走到这里，在信念中继续前行

2008 年 5 月，所有的姐妹受邀参加了善牧省的分会，所有能旅行的 180 多人都到场了，参加了为期 10 天的会议。会议讨论并决定了提议的方向，及选举新的省长和领导团队。从各方面来看，分会都取得了巨大成功。方向陈述和相关行动建议的清单获得批准，选举了新的省级官员和领导团队。姐妹们享受欣赏式探询营造的正向氛围，体验了社区意识的加深。毋庸置疑，整个社区成员的参与极大地造福了社区。

新当选的领导团队立即开始工作，贯彻执行方向陈述。他们雇用顾问评估他们的生活需求和财产。提升了技术的运用，包括基于网络的沟通、会议和学习交流。专注于社区中的誓言生活和使命，他们决定一年后再举办一次全体聚会。他们还支持 20 个本地社区的持续对话、洞察及与方向陈述相关的行动。社区及其很多成员通过这个过程得到成长。尽管他们面临的挑战并没有减弱，但他们关于未来的同理对话中共同承担的能力增强了。

博尔德县：喜迎我们的未来

在第三个案例中，布尔德县的老龄化服务部与社区伙伴一起创立并实施了欣赏式探询——为老龄化服务制定全县战略规划。他们的目标是"积极应对即将来临的老年人口快速增长的挑战，同时利用新形成的社区中日益增长的可用资源"。这是一个欣赏式探询的"设计"和"命运"的故事，阐明了一个社区如何将愿景和规划转化成具体行动，并有广泛而制度化的后续行动。

多年以来，国家智囊团已经把婴儿潮一代的延迟退休称为"银发海啸"，但国内没有一个地区像科罗拉多州的布尔德县这样严重。布尔德县坐落在丹佛西北部的落基山脚下，该地区是高龄族群和退休人员生活的主要地区。科罗拉多州地方事务部门一份2006年的预测报告显示，2000年至2012年间，60岁以上的人口将增加70%。这个报告及其所描述的现实为布尔德县的健康和社区服务提出了一个重要的问题：他们如何为即将到来的老龄化做最好的准备？

这个问题提出不久，当地领导就发现了欣赏式探询，并通过欣赏式探询，找到了答案。布尔德县老年服务部（BCASD），退休部的经理罗丝玛丽·威廉斯说：

> 欣赏式探询对我来说是一个完美的方法，因为它巩固并建立了我们已经采用的基于强项的老年服务方法，它说明我们比任何时候都更广泛、更系统地识别和利用我们的内在强项。

要想取得成功，老年服务部的领导们必须制订出一个受到广泛支持的远程计划，获得县委员会和单独市议会的批准，同时配合一个持续参与的流程，加强该计划并确保其成功实施。

用欣赏式探询达成计划

通过数月的欣赏式探询访谈、对话，数百名不同选民达成了共识，而为期两天的欣赏式探询峰会和一系列战略规划会议使全县的战略规划达成了。规划概述强项、目标和优先活动将促成"我们可以在充满活力的社区幸福地老去"的愿望。它还阐明了布尔德县未来城市设计、发展、履行、筹资以及评估老年服务的原则。

从全县战略规划到社区行动

2006 年 7 月，34 页的战略规划提交给布尔德县委员会。这个战略规划是花了数月完成的，70 个社区成员选择参加了会议，在会议期间提交了这份文件。几乎没有哪个县委员经历过如此热烈的支持，否则将会是另外一个战略规划。"今天，这么多利益相关者的出席清楚地表明了这个规划反映了社区的愿景。"一个委员说："这确保了这个规划不会尘封在书架上，我们会共同努力去实现它。"

但是如何去做？社区如何将战略规划转化为行动？该战略规划的领导者如何合理引导和分配所有人的经历，包括：服务提供商、护工、社区老人、当地民选官员以及完全投入规划和实施中的相关居民？

他们的做法是建立新的包容性架构，持续促进高参与度和统一行动。其中第一个是县领导委员会（CLC），指导负责实施、评估和更新计划。CLC 把广泛的邀请与针对性招募相结合，吸引了

100 名不同背景的居民加入。其中一些人从一开始就参与了"喜迎我们的未来"项目，另一些则是全新的。

前三次会议使大家彼此认识并概述了实施计划所需要做的工作，在这之后，CLC 成员自组织了 7 个工作组。这些全部由志愿者组成的工作小组由小组成员推选出的主席和联合主席主持工作，并由老年服务部的员工协助，遵从以前的志愿者、员工、合作伙伴既定的先例。

接下来，CLC 成立了一个 16 人的执行委员会，由 7 个工作小组的主席和联合主席以及关键工作人员组成。执行委员会的工作是，在每个年度执行周期结束时，与部门经理合作制定 CLC 会议议程、协调并整合 CLC 的工作、招募新成员。

与此同时，老年顾问委员会（其职责包括传播和监督州和联邦基金）选择改变奖励基金的标准。接下来，拨款受助者必须证明他们的计划或项目能够进一步达成一个或多个全县战略目标。

最后也是重要的一点是，老年服务部增加了一个新的岗位——社区开发专员，他的职责是配置 CLC 人员、监督 CLC 工作组、维护持续的关系及与社区的沟通。除此之外，他还承担了之前成立的"创建我们的未来"资助项目的协调工作，从而保证县资金同样只发给支持战略规划实现的项目和组织。

架构是创建好的计划自然生成的一个结果，它使市领导和县领导、工作人员和志愿者在给他们的共同愿景注入活力时，一直保持投入和伙伴关系。或许同样重要的是，这个架构提供了一个媒介，通过这个媒介，大范围的利益相关者能够以自组织、基于强项及完全包容的方式持续计划、设计并组织他们的活动。

结果

2007年，议会给社区的第一份年度报告中记录了6页成就，包括：

- 完成了一个城镇"无障碍设施设置"条例，确保人们使用轮椅和其他助步工具，能够到达社区里一定比例的新建住宅。
- 印发全县范围的食品和营养资源清单。
- 为有迫切需求的社区成员启动紧急膳食分发计划。
- 启动"求助有门（Any Door Is The Right Door）"系统，对消费者驱动的、温暖的、个人的、综合的、精确的、高效的、一致的、及时的、赋能的以及基于强项的信息和支持进行标准化建设。
- 创建交通服务指南。

在2007年至2008年间，"喜迎我们的未来"项目得到了当地、地区和全国的认可，荣获了三个有声望的奖项：

- 科罗拉多公园和娱乐学会的科伦拜恩（Columbine）奖（2008）

■ 政府丹佛地区议会的当地政府愿景规划创新奖（2007）
■ 国家老年协会区域代理（n4a）的老年创新和成就奖

这些奖项和社区成员强大而持续的支持，让部门经理雪莉·利奇不禁感叹：

> 在我们开始启动这个项目时，我们知道必须彻底改变做事的方式。最后，这个计划改变了我们工作的方方面面：从资助到拨款，再到招募及更多的方面。它使计划得以实现，使之真正成为推动变革的强大动力，正如我们期待的那样。

而且，它持续成为变革的动力。基于全县范围的流程和文件，布尔德县的所有社区已经完成并通过了他们自己的市政规划。新的有创造力的伙伴关系持续形成。CLC 继续会见和启动新的工作小组来解决新的优先事项，"我们可以在充满活力的社区幸福地老去"的过程继续在整个布尔德县展开。

在社区规划中使用欣赏式探询的十个建议

社区的欣赏式探询的成功都需要创造力和创新。每一个欣赏式探询的应用都有其独特性——从能够激发不同社区成员和人群参与的令人信服的变革议程的阐述，到把来自许多亚文化的领导者引入统一的设计和支持流程中的方式；从邀请许多有不同日程、兴趣和风格的人来参与和贡献的广泛方式，到需要给政策和实践赋予意义。然而，正如本章展示的案例，基于社区变革的项目的确有最佳实践。

　　下面的十个小技巧是为社区环境下成功应用欣赏式探询提供的建议，但这并不能替代一个考虑周详的 4-D 循环流程。但是，这些技巧可以帮你确定欣赏式探询适合你的社区并可适当地应用，一句话，这些技巧能够帮助社区成员发挥出最好的作用，帮助他们清晰描绘出能够服务于更大利益的未来。

1. **"社区化"**。把欣赏式探询流程聚焦在对社区重要的事项上。选择一个广泛的、有说服力、与你的社区整体文化和目标一致的变革议程。记住，只有对你的社区成员有效的方式才是做欣赏式探询的正确方式。把会议和项目安排在不忙的时候，或者连接到对你的社区有意义的现有事件上。设计多样化的有吸引力的顺畅流程，使很多你想要他们参加和你需要他们参加的人参与进来。

2. **培养好忠诚的拥护者**。"要让汽车跑起来，你需要钥匙和汽油。""聚焦朗蒙特"项目的公民领袖玛丽埃塔说。预先花时间在你的正式领导（那些有权威和资源的人，或者说"钥匙"）和日常项目协调员（那些使流程运转的人，或者说"汽油"）之间建立承诺和共识。

从组织内外培养多重拥护者，这样你就一直拥有正式
领导和非正式领袖的支持基础。培训他们，让他们理
解他们在做什么以及为什么做，由此，他们就可以自
如地与其他人讨论流程并让他们参与进来。

3. **有目的且彻底的包容**。从最开始，就邀请不同年代的、
不同社会经济条件下的、不同文化背景的各种人参与
每件事情，从项目领导，到顾问，到流程参与者。有
意地把亚社区和亚文化一起带入流程中。确保给人们
提供多样的参与方式以适应不同的工作时间、生活方
式、兴趣、语言和需求。

4. **煽动肯定的火焰**。永远不要低估正向的力量，它吸引
人心并让人能量持久。一遍又一遍地分享你收集的正
向的故事，不断让人们回到社区的强项和成功。欣赏
并认可人们的努力和成果，特别是那些主力参与人员
和使变革保持动力的人们的努力。

5. **不断接触信息和机会**。对于社区成百上千的人，永远
不要停止与他们接触，不断尝试各种信息传递方式，
始终聚焦在"这意味着什么"和"对每个人有什么益
处"。为人们创建很多很多……不同的参与方式和论
坛。跟进参与者，让他们保持信息畅通。让当地媒体
参与并制作视频，当然，还有关键事件的文字记录。
广泛传播这些信息，尽可能把这个流程放在最醒目的
位置。

6. **有关连续性和转换的计划**。在流程开始之前，问一下：如果我们明天离开了，这将如何继续？然后，围绕着这个问题的答案组织你的欣赏式探询。从一开始，就找到负责期望的结果的人并使其参与其中。为了使计划顺利实施并取得正向成果，要提前考虑需要什么系统、架构、筹款机制。在计划和实施的步骤中建立检查点，定期盘点取得的成就，庆祝并公之于众。

7. **投入时间，享受回报**。毫无疑问，使用欣赏式探询进行全系统社区规划是需要花费大量时间的，甚至超乎你的想象，然而，一次又一次，社区成员说这个时间花得值。在领导了三年老年服务规划流程后，米歇尔反思道："当时我对这个计划有多么耗时一无所知，但即使知道，我也不会改变初衷。"参与的人越多，花费的时间就越多。但是，在欣赏式访谈、让社区成员分享故事以及给数据构建意义这些事情上投入的时间和精力获得了意想不到的回报。当人们听到来自他们社区的故事，无论是作为个人还是作为一个社区，他们知道了自己是谁，看到自己能成为谁。

8. **对出现的一切持开放态度**。当使用欣赏式探询作为大规模社区规划流程时，不可能预测到你将遇到的所有曲折。我们曾经遇到过，来了太多人，房间容纳不下；也碰到过唱反调的人要麦克风；还有当地媒体有时支持，有时质疑。尽管有些事情较难应付，但大多数都

是对社区支持和关爱行动的不一样的表达，需要适应
和创新。所以，要对过程中出现的新方向和机会以及
带来这些方向和机会的人，抱持开放的态度并做出回
应。你也许会对很多有天赋的人感到惊讶和敬畏，他
们以惊人的方式为了社区更好的未来夜以继日地工作。

9. **不断提供欣赏式探询的教育和培训**。对项目领导人和
拥护者提供全面的欣赏式探询培训可以帮助他们在设
计和引领规划流程时做出正确的选择。然而，教育的
需要并不止于此，持续的教育和培训是基于欣赏式探
询的社区规划成功的关键因素。了解欣赏式探询的人
越多，变革流程就越顺利。要为社区领导和各种成员
小组都提供定制化的教育机会。在整个规划过程中，
会有新人加入，他们也会从培训中受益。最后，一旦
规划完成，社区成员就需要新的不同的工具来保持积
极的持续向前的动力。

10. **使欣赏式探询成为日常实践**。基于欣赏式探询规划启
动了社区的变革流程，这个流程只有不断被滋养才能
持续下去。要不停地问自己：我们如何将它应用于社
区的日常生活？朗蒙特社区的卡门·拉米雷斯说得好：
"当我们在自己部门和组织**内部**所做的与我们在**外部**
更广泛的社区所做的一样多时，我们最终会收获欣赏
式探询带来的全部好处。"

结论

正如本章的故事所表明的，欣赏式探询是富有意义的社区规划和开发的有力流程。它无条件的正向立场很容易使人们参与或分享他们的想法和意见，这也许是其他方法难以做到的。这种基于强项方法使人们充满活力，为社区大胆设想未来建立了信心。从"启动"开始，通过"发现""梦想""设计"和"命运"，欣赏式探询的 4-D 循环可以定制，以适应每一个社区特定的情况和挑战。在公共社区里，欣赏式探询可以扩大和提升公众的声音、正式领导者的声音以及那些通常没有被听到过的声音。在宗教社区里，欣赏式探询通过选择反映社区深层价值观、信念和奉献的主题支持到"立志人生（the vowed life）"。在所有的社区里，就像在各种组织中一样，欣赏式探询培养了人们乐于学习和愿意见到"另一面"的态度，也让人们有能力去创造积极向上的方式，共同走向未来。

当你考虑在你的社区使用欣赏式探询时，我们建议你从小处开始。找到一个需要广泛参与和投入的社区问题、项目或目标，把它作为学习的起点。带着你的项目来看这本书。邀请其他相关的社区成员与你一起尝试，你就有了核心团队并准备好开始了。记住，所有的事件都由关系产生。在你的社区用欣赏式探询建立并加强关系，结果就会轻松地展开。

第十二章

欣赏式探询为什么有效

十年来，在亨特窗饰和其他的地方使用欣赏式探询进行组织变革的过程中，我们见证了在合作方式和取得的成果方面激动人心的转变。我们一遍又一遍地听到关于欣赏式探询对个人生活和职业生涯产生的正向影响的故事。于是，我们开始问自己以及那些和我们共事的人：发生了什么？为什么人们如此兴奋并想要参与欣赏式探询？为什么参加了欣赏式探询就能如此轻而易举地达成创新、生产力提升、员工满意和盈利？是什么创造了个人改变的可能性，使人们在工作中自我发现并做到最好？什么条件促成了高度多元化的人群的全系统合作？简而言之，我们反思的核心问题以及本章要回答的问题是：为什么欣赏式探询是有效的？

对欣赏式探询的探询

本着欣赏式探询的精神，我们决定对欣赏式探询进行一场探询。我们列出一组问题，在整个亨特窗饰公司，从上至下，创建了焦点小组。我们对组织中使用过欣赏式探询的人进行了一些正式或非正式的访谈。我们试图找到：是什么让欣赏式探询如此吸引人，而最终它又为什么那么有效？访谈激励人心且信息丰富，我们受到很大启发，而且，我们相信这是对欣赏式探询不断进化的智慧的重大贡献。

我们的关键发现是：欣赏式探询带给人们个人和集体权力的体验。它给了人们可实际行使的权力——为了整体的利益而负责任地去做。一旦他们体验到权力的解放及其对他们生活和世界的影响，人们就会永久地转变。

我们发现，对于有些人，欣赏式探询增强了他们的自尊和自我表达。亨特窗饰的质检员芮妮·查韦斯认为，参加欣赏式探询帮助她让自己变得更充实和更有力。

> 我认为这是一份好工作，但是，是我让它成为那样的。只有我自己才能让我得到我想要的。欣赏式探询帮助我表达自己的想法，帮助我学会用更好的方式进行沟通，它说明我能成为更好的自己。

对于另外一些人，欣赏式探询永久性地、积极地影响了他们的事业和事业潜力。一名客户信息代表蒂娜·拉格兰奇讲述了她的故事：

> 加入亨特窗饰不久，我申请了客户信息中心的职位。我经过面试流程，被拒绝了。于是我再申请，又遭拒绝。
>
> 要是在过去，我会到此为止。我或许会感到灰心丧气，不再继续尝试了。但是，欣赏式探询告诉我：我有责任做我该做的，得到我需要的成功。于是，我发现了我欠缺的是什么（原来是技术培训），于是参加了培训，又重新申请了一次。这次，我得到了这份工作。我坚持了，因为欣赏式探询教给了我，这才是做事的方式。

我们听到的另外一个有关欣赏式探询转变能力的故事，它来自布料印刷工凯西·梅菲尔德：

> 欣赏式探询彻底改变了我。我是一个极度害羞的人，在参加欣赏式探询之前，我走在走廊里，不看任何人，现在，我昂首阔步！我和每个人甚至跟穿"西装"的人交谈。自从有了这样的变化，我甚至在"外面"（即工作之外）也变得更好了。现在，我知道我也是个大人物。
>
> 你知道，我比有些人幸运些，并不是我不必工作。但是这里发生的一些事让我改变了我对工作的看法。认识到我不是必须在这里，但是，我想要在这里。

对我们而言，这些及类似的故事表明，权力就像谚语中说的瓶子里的精灵，一旦放出来，就装不回去了，它会继续寻找表达自己的方式。船运调度员布雷恩·巴西特观察到："当人们努力并取得成果时，他们就获得了信心。这种信心会导致五倍的投入，以及更多参与的渴望。"权力的解放为正向变革创造了一种自我延续的动力。欣赏式探询始终如一地极大地解放了人们对个人力量和集体力量的意识，给组织和社群带来了巨大的价值。

一个自然、舒适且强大的人的价值是什么？

和我们一起思考一下这个提问：除了每个人天生的价值外，组织如何评估人的价值？组织的回答千差万别。例如，如今，全球的组织从一小时几美分到一年数百万美元来评估人的价值，这取决于他们对这些提问的回答：这些人是谁？他们为组织带来什么独特技能或背景？他们独立决策的能力如何？他们能在多大程度上影响他们的工作环境和周围的世界？归根到底，他们有多强大？

所以，我们重申一下最初的提问：一个自然、舒适且强大的人的价值是什么？一个知道世界受到人类影响的人，一个知道他个人有力量改变世界的人，一个愿意为整体利益行使权力的人，一个鼓励和培养身边的人同样行使权力的人，一个提供邀请其他人一起发现，梦想和设计未来的人，这些人的价值是什么？

"啊，"我们听到你说："那是另外一个提问！在今天的组织里，这类人的价值远远高于那些只是待在那里按指示行事的人。"换句话说，这类人从组织和商业的角度来看具有更大的价值。

当一个组织的成员和利益相关者自然、舒适且强大时——当个人和集体的力量得到释放时——组织就越发具有创新、学习和贡献更大利益的能力，成为我们所说的"以生命为中心的组织"。一个以生命为中心的组织就是一种力量，一种创造、创新和正向影响未来的能力，它是一种无限的关系资源。在这样的组织里，人们都关心并努力做到最好，无论是在个人层面还是组织层面。

这是一个由精神理想（spiritual ideals）指引的组织——和平、和谐、公义、爱、喜悦、智慧和诚信。在这样的组织里，人们建设他们所生活的世界，并造福子孙后代。

我们的研究表明，欣赏式探询是通过创造释放力量的条件来发生作用，通过创造以生命为中心的组织，在这样的组织里，培养人们在自然而舒适的状态中变得强大。

从压抑到权力解放

解放之旅（从压抑到权力解放）是一种社会现象。保罗·弗雷德在他的著作中说过"受压抑的人"淹没在现实当中。[78] 从某种意义上说，他们是社会现实主义者，认为世界本来就是这个样子，他们无能为力。他们所经历的和对自己的看法是：既没有地位也没有权力去改变任何事情。我们经常听到人们对组织的哀叹："这里一直都是这个样子，我在这里工作的二十年里就一直是这样，它永远也不会改变。"这就是组织压抑（organizationally oppressed）的声音。

根据我们的经验，在所有的职能部门、所有的级别都有受组织压抑的人。组织里没有哪一个群体、层级或职能愿意接受组织压抑。在某些组织里，市场部的人感觉没有被倾听或不能影响决策。还有些地方，高层人士因不能影响市场或利益相关者，或不能激励员工而感到沮丧。还有一线员工觉得没有人看到他们，他们无法影响完成工作的方式，哪怕是他们自己的工作。通常，当组织里的一部分人感到被低估和无力影响组织时，其他人也是如此。

世界和组织应该对由人类互动和创造力形成的社会改变持开放态度，当人们认识到这一点时，才算是迈出了解放权力和组建以生命为中心的组织的第一步。在这个阶段，人们经常看到和描述其他人产生的正向影响："她是个伟大的领导，自从她来到这里，我们取得了很大的改善。"尽管仍然把影响和改变的能力放在"其他人"身上，但这种他人导向的力量已经向解放迈进了一步，承认了社会变革的潜力。一般来说，"其他人"更有权威或更有见识、更有经验或者在某些方面更有力量。

当人们认识到他们能够并且确实改变了和别人的关系时，他们就体验了真正的解放。理论上，我们把这些人称为社会建构主义者——了解我们现实社会的本质的人。欣赏式探询通过六个自由创建了一个具有丰富关系和叙述的情境，使之成为开启解放之旅的途径。下面是通过参加过某些形式的欣赏式探询的人的引言和故事对六个自由更深入的描述。这些都是组织解放的声音，描述了能够让他们充分发挥自己最佳状态的情景。

欣赏式探询 4-D 循环及六个自由

那么，欣赏式探询 4-D 循环和权力解放及建立以生命为中心的组织之间是什么关系呢？当组织内部必要的释放条件出现时，个人和组织的力量就获得了释放。我们的研究表明，要达到目的至少需要六个条件，我们称之为六个自由：

1. 在人际关系中被了解的自由。

2. 被倾听的自由。

3. 在社区里梦想的自由。

4. 选择贡献的自由。

5. 行动受到支持的自由。

6. 积极正向的自由。

六个自由中的任何一个都能极大地改变人们对他们在组织环境里的权力的看法。由于个人的学习和动机不同，所以我们相信，那些能给人们提供机会，使之体验多种自由的活动可能会对最多的人产生最大的影响，并最终对整个组织产生影响。

欣赏式探询的威力，一部分来自在完成一个完整的 4-D 循环过程中所释放的六个自由。由于这种影响的广度，和许多其他组织变革流程相比，它具有更大的改变个人和集体的现实的能力。

在人际关系中被了解的自由

在工作环境中，人们通常因角色而不是因为关系而为人所知。他们是副总裁和操作员、医生和护士、雇员和客户，总之，人们对他们的认知是"他们是做什么的"，而不是"他们是谁"。然而，人的身份是在关系中形成和发展的。用希拉·麦克纳米和肯尼斯·格根的话说："人代表着多重关系的交集。"[79]自我意识是在与他人的交流中不断强化的一种关系认同。根据心理学家艾伦·福格尔的说法："与他人的交流联结，对于人类思维和自身运作，以及对于丰富精神和保持成就的文化，都是非常重要的。"[80]

正如在关系中认知并成为我们自己，我们同样在关系中对组织做出贡献。对很多人来说，他们在工作中的关系的质量就是工作生活的质量。欣赏式探询让我们在关系中而不是在角色中彼此了解。它让我们认识彼此，不仅作为一个独一无二的个体，而且作为关系网中的一分子，"我"就存在于这个网络之中。

我们在关系中相互了解越多，就越能更好地合作和贡献。人们都需要被了解，对于这个人类的基本需求，亨特窗饰时尚部门的印刷工约翰·凯德是这样说的："我想被了解，并想要有'归属'。"凯德说："动物关心生存，而心、灵魂，想要归属。"

在关系中被了解包括作为关系人了解彼此——父母、教练、艺术家、保龄球手等。在我的关系世界里，我越是被人了解，就越能更好地工作和贡献。

欣赏式探询打破了掩盖人们的存在感和归属感的去人性化循环。欣赏式访谈是欣赏式探询的核心技术，它有力地根植于个人关系的建立。它寻求并深入探索人们的个人巅峰体验，那些当他们最投入、最活跃、最为他们自己和他们的组织和工作感到自豪的时刻的体验。欣赏式访谈让他们详细地回想起那些生动的时刻，并与以前只是因为角色而认识他们的人或者根本不认识的人分享经历。这个过程巩固了人们与他人的关系，使新的关系能够建立起来，并加强了每天一起工作的人们之间的相互尊重。人们获得了自由，认识到了解自己和他人是高绩效的根本。

欣赏式探询不只是建立关系，它还创造平等的环境，在权力和授权之间架设桥梁。正如芮妮·查韦斯所说："我访谈了和我不一样的人，这有助于我结识和我截然不同的人：不同的工作、不同的背景、不同的种族。"机械操作工马克·梅尔甚至更简明扼要地说："欣赏式探询彻底打破了沟通的鸿沟。"

欣赏式探询使人们及其想法更容易被理解，约翰·凯德对这个方法，特别是访谈，进行了评论："欣赏式探询让我们有机会跨越界限被他人了解。"访谈的感染力让人们感到与他人的联结："当我们的欣赏式探询全面展开时，其他人也和我一样兴奋起来。我不感到孤独，我第一次感到'我与世界在一起'。"

在当今的商业世界里，团队、联盟、合作伙伴、同事关系是非常重要的：工作是通过关系完成的。管理顾问凯文·凯利说："网络经济的核心经济要务是扩大人际关系。"[81] 通过欣赏式探询，在关系中了解他人和被他人了解的自由解放了人们的能量、想法以及个人和组织的力量。

被倾听的自由

当我们感到自己没有被倾听时，就会感觉不那么真实，更不能影响环境，这就是被压抑的体验。但是，当另一个人听到我们——当他们见证和复述我们的想法和故事时，我们就变得有形、真实和重要，就是一个有影响的人物了。被倾听就是要有一个公认的可信的声音，是创造、创新和影响的来源。联合宗教倡议的执行理事，牧师查尔斯·吉布斯这样说：

> 我一次又一次地看到（在全球范围内），当那些从不被重视的人被倾听时发生了什么。被倾听的体验能让他们展现出最好的自己，否则是做不到的。

关于倾听的文章已经有很多，但令人惊讶的是关于被倾听的文章却寥寥无几。一个人在没有真正倾听或理解说话人的情况下，也可以做到倾听。说者只有意识到听者是专心的，是抱着真诚的好奇心、同理心和愿意学习的态度在听，说者才会感到被倾听。这要求听者听到一个人的故事和语言，换句话说，被倾听到的体验需要的是说者和听者之间的一种关系，欣赏式探询访谈鼓励这种关系的倾听，要求说者和听者都能超越世俗的理论的做法，触及个人体验和价值观层面。欣赏式探询访谈带来了一种发掘他人最好的一面的倾听行为，它鼓励共同创造意义和身份。

在欣赏式探询过程中，人们体验到被倾听，并以强大的、令人愉悦的、充满能量的新方式去倾听他人。通过这种相互倾听行为，那些传统上被剥夺了权利的雇员、被组织压抑的雇员，开始显现出来，以大胆和新颖的新方式进行思考和想象。

一对一的欣赏式访谈打开了沟通渠道并培养了人们被倾听的经验，它是通过引出大量的故事做到这一点的，这些故事会在流程后面的几个阶段在整个组织中传播和发酵。当人们在访谈中提供的想法和故事被呈现、讨论并在整个组织内实施时，他们就体验到了被倾听。

亨特窗饰第一次使用欣赏式探询作为文化变革流程时，马克·梅尔正在监管一个负责公司所生产机械的技术维护的小组。他和他的员工感到被低估，没有被倾听，而且经常被忽视，这些甚至发生在他们的专业领域。马克决定尝试一下欣赏式探询。他在团队的所有内部客户（工程师、技术支持人员等）中发起了一个探询。他和员工搜集了在亨特窗饰和其他公司体验到的特殊支持的故事。他邀请人们去梦想他们一直以来想要的服务，并详细描述出来。结果怎样？人们感到被认可了，他们建立了跨职能的关系，特别是在工程和技术支持之间。被倾听使小组复活了。

欣赏式探询使人们有机会被倾听，通过为"被倾听的自由"创造条件，它为那些感到被忽视，从而没有机会贡献信息、想法和创新的人们打开了一扇门；它为知识的创造和交流、为个人的尊重和员工满意和发展，创造了一个良好的环境。

在社区里梦想的自由

远见卓识的领导者一直被认为是组织的资产。他们提出的一个形象、一个梦想、一种成就感是具有凝聚力的，这种能力在变革型领导者的特质中被高度认可。但是，人们的梦想是什么？在当今这个高度多元化的世界里，只有领导力愿景或只有共同愿景都是不够的。我们需要领导者邀请人们去梦想并实现梦想；我们需要组织成为一个安全的所在，人们在这里梦想，并在对话中分享彼此的梦想；我们需要"在社区中有梦想的自由"。

一对一访谈和基于故事的合成方式向整个组织公开了个人梦想。这种能力可以改变人们的工作和生活，就像改变了在亨特窗饰工作了十年的布伦达·卢比恩：

> 在访谈的最后，组织者让我想象可以帮助我把工作做得更好的一件事。我说："去墨西哥。"你看，我的样书，这是我生产的产品，会发到我们在墨西哥的一个制造商那里。你能相信吗？结果他们真的派我去了墨西哥！这趟旅行让我感受到我真正了解了我的工作，我的工作对公司非常重要。看到他们是谁和知道他们需要什么，让我有更好的方式与他们沟通。

在相信个人故事的文化中，分享愿景和梦想的行为是神圣的，部分原因是人们坚信精神（灵魂）可以通过梦想说话。通过分享梦想，一个人与精神（灵魂）的联结能使整个团体开悟。例如，黑麋鹿（在拉科塔苏族中一位公认的圣人）有一个关于七个神圣仪式[82]的愿景。当他公开分享他的愿景时，社区信奉他的梦想，把它作为集体的指引和部族的智慧。今天，这七个神圣仪式在拉科塔苏族得到认可，成为他们的七个神圣典礼。

关于"在社区中有梦想的自由"的最鼓舞人心的故事之一来自美国浸信会国际部。在为期数月与全球一千二百多名利益相关者访谈后，250人汇聚在欣赏式探询峰会上听取人们对组织的期望和梦想。他们共同畅想一个能够实现这些希望和梦想的组织，创造新的方式为全球有需要的人提供服务。他们设想了一种新的服务——从派人到世界各地"做好事"为主，转变为把全球有相似意图的人和组织联结起来。这个愿景如此鼓舞人心——而且它的动力如此强大，以至于在峰会一周年之际，近三十个用这种"姐妹组织"模式作为模板的新项目启动了。然后，在接下来的两年里，展开了近200个新项目。吉姆·路德玛顾问把社区梦想的力量描述为"释放已经存在的能量。它是一种蓄势已久的积极爆发"。

一次又一次，欣赏式探询邀请组织中所有层级的人加入"梦想"流程。它创造了一种追求卓越的动力——实现梦想，无论大小，无论是个人的还是组织的。它把关注点放在远见上而不是吱吱作响的轮子上，放在前方的路上而不是过去的问题上。而且它让希望、潜能和卓越的形象在组织生活中浮现出来。

选择贡献的自由

工作能把我们与最重要的事情分开，或者说工作可以作为一种媒介，通过它我们可以扮演和实现最深刻的使命。在更多家长制的组织中，总被灌输"别人"知道什么对我们是最好的。经理、主管或者就业顾问决定工作范畴以及我们是否适合这份工作，根据组织的需要进行人岗匹配。

在以生命为中心的组织里不是那样的，在这样的组织中，选择工作和学习机会的自由对创造力、合作以及幸福来说被公认是至关重要的。当人们自由自愿地根据他们的兴趣和热情做出选择时，他们学习和贡献的能力会获得大幅提升。选择贡献的性质和程度的自由直接关系到贡献的范围、成功和满意度。

在欣赏式探询流程中，人们只有感到好奇，或者被一个任务、活动或梦想激发或鼓舞时，才能真正加入进来。很多人只选择参加访谈，而即使是最低限度的参与，也对那些参与的人产生了解放的效果。其他一些人，如凯西·梅菲尔德，是在流程后期加入的，她是一名任职几年的印刷工，一开始甚至拒绝接受访谈。但是，在加入 8 个月后，有人招募她进入了一个在第一次欣赏式探询峰会上组建的行动小组，这个行动小组正在做的一项工作激发了她的好奇心和极大的兴趣。很快，她成为整个组织里对欣赏式探询最强有力的支持者之一。

凯西·梅菲尔德相信，这种选择贡献的性质和程度的自由具有一种内在指导和发展的品质："由于有些人觉得跟随比引领更舒服。"他建议："欣赏式探询流程是基层的，旨在让人们根据自己的时间和方式来参与，伸出援手，训练人们为自己的生活负责。"

选择贡献的自由能够带来承诺、力量的释放以及学习动力。当人们选择做一个项目并向他人做出承诺时，就会变得非常有创造力并下定决心。他们会不惜一切代价，为了完成工作去学习任何需要的东西。例如，一名自愿领导一个创新小组的一线员工到人事部请求辅导，她宣称，为了让团队成功，她需要学习引导会议和说服团队做决策。她的决心使她的团队、组织和她自己获得了回报。团队的项目在最短的时间内完成并大幅改善了公司的流程。她荣升为主管，新的团队在她的领导下茁壮成长。

在任何组织变革过程中，总是有一些人比其他人更投入、更有热情、更积极参与，这些人就成为变革的非正式领导者。由于欣赏式探询的作用是发现并引导人们的兴趣和热情，所以，那种参与是需要培养和支持的，而不是抑制。布赖恩·贝斯特对这种积极参与和力量解放之间的关系是这样描述的：

> 由于我们最初的努力来自人们的激情，人们有精力去做这项工作。当员工在他们认为非常重要的工作上取得成功时，他们愿意改变旧习惯和**游戏规则**。他们一旦积累了经验，就想把经验用在其他任何地方……并不断用下去，这就是为什么在亨特窗饰人们不断从一个行动组到另一个行动组的原因，不是因为他们不得不这样做，而是因为感觉太好了，不想停下来！

毫不奇怪，我们的研究表明，人们越是积极参与到欣赏式探询项目中，经历的个人转变就越大。生产和制造流程协调员乔·舍伍德观察到：

> 我看到，那些真正接受欣赏式探询的人发生了巨大的变化。那些参与更多、更愿意在流程中担当领导角色的人，似乎成长得最快。

行动受到支持的自由

很多组织的支持是有限的。只受到组织的部分支持（一个主管或一个经理）可能会让人们产生怀疑、不信任和犹豫，这会滋生分歧。相反，当人们了解到整个组织都知道他们的项目并且愿意配合的时候，他们就会在尝试、创新和学习时感到安全。换句话说，全系统支持可以激励人们接受挑战并进入合作，从而发挥他们的最大潜能。

有支持的行动是典型的积极相互依赖的行为。在欣赏式探询中，人们受邀去做让他们有热情和受鼓舞的事情，那些他们知道会影响组织和世界的事情。他们被召唤来为组织服务，同时受到组织中各个层级的支持。

"行动受到支持的自由"带来前所未有的行动，而且提升了人们对组织的信心和希望。在引导师设计的一个五天的峰会上，约翰迪尔公司极富创意地释放"行动支持自由"的方法打破了多年的冷漠和不信任，峰会最后两天只专注于他们所谓的"战术实施"。他们知道，当所有人在一起时，能够在那里实现改变，这清清楚楚地向参会者证明了：组织对支持变革是认真的。

人们梦想、创建了机遇地图，对能够实现他们梦想的项目进行了头脑风暴，选出了他们认为最重要的十个。然后，令他们惊讶的是，他们受邀在峰会上一起工作，并计划和调整资源、启动项目。正如顾问吉姆·露德玛所说："管理层通过表明对全系统参与变革的认真态度，使这种直接具体的支持颠覆了二十多年的历史。作为响应，员工投入了大量的知识和创造力以找到创新的解决办法。"结果，工厂新产品生产周期从五年缩短至三年，并在新市场份额中赢得了数百万美元。

亨特窗饰的欣赏式探询也提供了类似的领导和组织支持，尽管是以完全不同的形式。事业部经理们通过持续为参与者提供信息、时间、资源、技能培训和专业辅导来支持行动小组。另外，他们还是行动小组的拥护者，并且任职于欣赏式探询顾问团队。

与此同时，顾问团队发起并维护一个沟通网络，通过这个网络将行动小组的活动和成功向整个组织传播。这促进了全组织范围对行动小组的支持。当请他们描述做了什么，以及他们在领导欣赏式变革过程中学到了什么时，顾问团队说：

> 作为领导，我们不必做很多。主要的是，我们为人们提供指引并开绿灯，我们帮助建立信心，使人们的想法和计划有意义。

在最初成立的 14 个行动小组中，11 个（按照前面详细介绍的方式）达到或超过了他们当初设定的目标。但是，那 3 个没有达成目标的行动小组怎么样了呢？令人惊讶的是，我们的研究表明：即使在行动"失败"的情况下，行动受到支持的自由依然能解放个人和组织的力量。蒂娜·拉格兰奇的故事有力地证明了这种效应：

离开峰会时，我非常清楚，交叉培训非常重要，我才知道它能解决我们强制性加班的问题，并为人们提供职业发展路径。但是，我谈过话的每个人都说："我们当然需要它，但它通不过。他们永远不会支持或让它发生的。"

我还是加入了一个行动小组并努力工作。我们设计了一个非常棒的项目，提交顾问团队，得到批准去试试看。然后……竟然没有人报名！！！

一旦我们克服了要试图"穿过它"的想法，退后几步，就会看到有一个响亮而清晰的信息想被人们听到，"他们"不是问题而是组织里的人。最终得到的信息是，没人有富余的精力参加交叉培训。

我们的项目以失败告终时，我很失望，但是没什么。最后，我真正完成的一件事就是得到了问题答案，这是一件大事，它意味着我有力量获得一个答案。

通过欣赏式探询，人们感受到来自每个人、组织管理层以及整个系统的支持。积极主动对很多人来说意味着冒险和风险，但是，当拥有了丰富的知识，并在整个组织的同事的支持下这样做时，就开创了一条自信、学习和创新的途径。

积极正向的自由

成员和组织都是在认可和欣赏中成长和壮大的。然而，当今很多组织里充斥着负面的话语。他们习惯性地倾向于分析问题，因而也就倾向于恐惧、指责和批评。他们的内心对话充满了悲哀的故事和谁对谁做了什么。在很多组织里，冷嘲热讽、批评新想法、试图理解和描述失败的原因，这些似乎看起来很时髦。

在当今的组织中，有趣、开心或者积极正向根本不是常态。人们允许自己在集体的消极潮流中被冲走。一个组织的一名深陷负面话语的长期雇员沮丧地说："这种消极的思维和谈话已经让我患上了溃疡，每天来上班听到的全是抱怨、批评和指责，我讨厌来上班。"

相反，欣赏式探询是对积极正向的大力激发。积极正向不仅是一种自由，它是隐含在欣赏式探询流程中的处方里。如果你不关注那些积极的、富有活力的以及构成正向核心的东西，你就根本不能参与欣赏式探询。人们无数次告诉我们，欣赏式探询有效的部分原因在于它赋予了人们积极正向的自由。用第一次了解了这个实践的人的话说："在一定程度上，欣赏式探询的威力源于它让员工感受到积极正向并为自己的工作经验感到自豪。"

性情乐观的人首先要赞誉积极正向的自由。例如，芮妮·查韦斯非常珍惜欣赏式探询提供的机会，满足了她的乐观本性：

我不知道是我本人，还是欣赏式探询的内在本质，反正**我喜欢积极正向**的东西。我喜欢做访谈，因为我听到了很多积极正向的事。由于我参与了欣赏式探询，我使人们更积极地思考。我认为很多提升的士气、沟通与其他部门的社群感都源于欣赏式探询和它积极正向的方法。

欣赏式探询的效果如此强大，以至于它能够转变负面的话语和消极的思维。用一名员工的话说：

> 我是一个非常积极正向思考的人，因此这流程很合适我。但是我相信这个流程的威力足以影响所有员工，不仅仅是我们这些已经具备积极思维的人。

当积极正向的自由释放时，一个组织会发生什么？"你知道那个古老的格言'垃圾进垃圾出'吗？"乔·舍伍德问道："那么，欣赏式探询用积极的感受和体验取代了'垃圾进'，它创造了一个'能量进能量出'的循环。它激活了组织变革。"

积极正向的自由不仅影响了许多亨特窗饰的员工的工作，也影响了他们的家庭生活。一个员工描述了当她感受到积极正向的自由以及和孩子们分享欣赏式探询时发生了什么："欣赏式探询在家里用在孩子们身上也很有效。它帮助我让孩子们积极思考，让他们自己把问题彻底想清楚并得到他们想要的。"总经理秘书林达·贝克尔告诉我们，她在纪念结婚三十年周年时使用欣赏式探询，引发了"我和我丈夫最深刻、最有意义的谈话之一"。

人们需要得到许可才能变得积极正向，这是多么奇怪的想法。但是，这就是今天一个又一个组织的现状。以其完全乐观的姿态，欣赏式探询是一个彻底的转变，一场真正的正向变革的革命。

结论：对正向变革的邀请

衡量一个欣赏式探询是否成功的一个标准是：组织是否提升了正向变革的能力。组织的内在对话从问题导向的负面话语转到强项导向的乐观话语了吗？组织正向核心的意识扩展了吗？组织的成员和利益相关者学会了如何学习吗？好奇程度和探询意向提高了吗？组织的思维变成探询式思维了吗？谈话、互动和关系变得更以生命为中心了吗？在一个成功的欣赏式探询之后，答案通常都是一个响亮的"是"。

通过释放人们的力量，欣赏式探询提高了组织正向变革的能力。这本书里的诸多故事展现了欣赏式探询的威力，说明了它如何有效、为什么有效。关于亨特窗饰通过欣赏式探询达到成功的故事是范例，不是特例。

尽管如此，在不断增长的应用和持续成功的进程中，还有很多工作要做。想象一下全世界的学校，孩子们和老师一起探索和学习，在那里，老师、父母和行政人员致力于发挥每个孩子的潜能；想象一下医院里，医生让人们描述他们的健康及幸福变老的画面，在那里，护士、医生、患者和家人聚在一起，为他们的社区共同设计卫生保健实践；想象一下致力于全球利益的商业组织，在那里，所有利益相关者重视三个底线：平衡财务、社会需求、环境需要；想象一下在一个社区里，人人知道你的独特天赋和强项，在那里，你选择你感兴趣的领域工作并得到支持。想象你组织里的正向变革。

因此，我们邀请您加入正向变革的革命中。我们邀请您用新的方式在不同的地方尝试欣赏式探询，从而使我们不断增长解放力量、以生命为中心的组织和正向变革方面的知识。总之，我们邀请您让我们的世界变得更美好，一次改变一个组织。

注释

第一章
什么是欣赏式探询

1. 大卫·L.库珀里德、黛安娜·惠特尼.合作变革：欣赏式探询
   [M].旧金山：Berrett-Koeher，1999年.

第二章
欣赏式探询的方法

2. 黛安娜·惠特尼、阿曼达·赛思顿－布伦、杰伊·切尔尼、罗
   纳德·弗赖伊.欣赏式团队建设：激发团队最佳状态的积极提问
   [M].内布拉斯加州林肯市：iUniverse，2004年.

3. 萨拉·L.奥伦、杰奎琳·宾克特、安·L.倩茜.欣赏式教练：一
   个正向变革流程[M].旧金山：Jossey-Bass，2007年.

4. 黛安娜·惠特尼、凯伊·雷德、阿曼达·赛思顿－布伦.欣赏式
   领导力[M].纽约：McGraw-Hill，即将出版.

5. http://www.appriciativeleadershipnow.com.

6. 大卫·L.库珀里德.欣赏式探询：一个组织发展的新方向中的

"作为探询推动者的'孩子'" [M]. 伊利诺伊州香槟市：Stipes，2001 年.

7. 同上.

8. http://www.imaginechicago.org/index.html.

第三章
欣赏式探询的八个原则

9. 彼得·L. 伯格、托马斯·勒克曼. 现实的社会建构：知识社会学，第七版 [M]. 伦敦：鹈鹕鸟丛书，1966 年.

10. 埃利斯·博尔丁、肯尼斯·E. 博尔丁. 未来：想象和过程 [M]. 加州千橡市：Sage，1995 年.

11. 弗雷德里克·波拉克. 未来形象 [M]. 旧金山：Jossey-Bass，1973 年.

12. 苏雷什·斯里瓦斯蒂瓦、大卫·L. 库珀里德等. 欣赏式管理和领导力 [M]. 旧金山：Jossey-Bass，1990 年.

13. 堂·米格尔·伊兹. 四项协议：一本托尔特克智慧书 [M]. 加州圣拉斐尔：Amber-Allen，1997 年.

14. 约瑟夫·贾沃斯基. 同步：领导力的内在路径 [M]. 旧金山：Berrett-Koehler，1996 年.

15. 肯尼斯·J. 格根. 现实与关系：社会建构中的声音 [M]. 马萨诸塞州剑桥：哈佛大学出版社，1994 年.

16. 肯尼斯·J. 格根. 社会建构的邀请 [M]. 加州千橡市：Sage，1999 年.

17. 梅若里·G. 戈德堡. 提问的艺术：短期问题治疗指南 [M]. 纽约：John Wiley，1998 年.

18. 同上.

19. 维克多·E.弗兰克尔.活出生命的意义 [M].纽约：Washington Square，1998 年.

20. 梅若里·G.戈德堡.提问的艺术 [M].纽约：John Wiley，1998 年.

21. 威廉·马丁.夫妻道德经.纽约：Marlowe，2000 年.

22. 帕克·帕尔默.让你的生活说话：倾听使命的声音 [M].旧金山：Jossey–Bass，2000 年.

23. 罗洛·梅.创造的勇气 [M].纽约：Norton，1994 年.

24. 弗雷德里克·波拉克.未来的形象，译自荷兰的 Die Toekomst Is Verleden Tijd，由 Elise Boulding 节选 [M].旧金山：Jossey–Bass，1973 年.

25. 威廉·伯格奎斯.后现代组织：掌握不可逆转的变革的艺术 [M].旧金山：Jossey–Bass，1993 年.

26. 琳达·琼斯.积极语言的力量 [M].纽约：Hyperion，1999 年.

27. 杰维斯·R.布希、格雷姆·H.科泽尔.欣赏式探询作为团队发展的介入：可控实验 [J].应用行为科学，1995（3）：13.

28. 戴安娜·惠特尼、大卫·L.库珀里德.欣赏式探询峰会：概述和应用 [J].今日雇佣关系，1998（2）：17–28.

29. 大卫·博姆.完整性和隐含的秩序 [M].纽约：Routledge，1980 年.

30. 瑞秋·内奥米·雷门.厨房餐桌智慧 [M].纽约：Berkly，1996 年.

31. 米哈伊尔·戈尔巴乔夫.寻找新起点 [M].旧金山：Harper，1995 年.

32. 詹姆斯·路德玛.从负面话语到希望词汇：欣赏的威力.欣赏式

探询：用积极的变革理论重新思考人类组织 [M]. 伊利诺伊州香槟市：Stipes，2000 年.

33. 马丁·路德·金，"最持久的力量"，布道演说，1956 年 11 月 6 日，亚拉巴马州蒙哥马利市.

34. 乔恩·卡巴特 – 津恩. 想去哪儿，就去哪儿：每天正念冥想 [M]. 纽约：Hyperion，1994 年.

35. 富兰克林·罗斯福，"第二次就职演说"，1937 年 1 月，华盛顿.

36. 简·加洛韦·赛林. 会员组织：通过新的工作社区达成租价绩效 [M]. 加州：Davies–Black，1997 年.

37. 汤姆·麦吉. 飞快移动：高速路上的商业 [M]. 马萨诸塞州剑桥：Perseus Books，1997 年.

38. 罗洛·梅. 创造的勇气 [M]. 纽约：Norton，1994 年.

39. 杰弗里·M. 贝尔曼. 你的标志性道路：获得生活和工作的新视角 [M]. 旧金山：Berrett–Koehler，1996 年.

40. 马克斯·德普雷. 无权利领导：在服务社区中找到希望 [M]. 旧金山：Jossey–Bass，1997 年.

第四章
欣赏式探询的操作：从起源到目前的实践

41. 大卫·L. 库珀里德、弗兰克·巴雷特、苏雷什·斯里瓦斯蒂瓦. 社会建构和欣赏式探询：组织理论的旅程. 管理和组织：个人主义的关系替代 [M]. 布鲁克菲尔德：Avebury，1995 年.

42. 同上.

43. 黛安娜·惠特尼、大卫·L.库珀里德、M.卡里森、J.穆尔.GTE的欣赏式探询和文化变革：发起一场积极的革命.欣赏式探询和组织变革：该领域的报告 [M].康涅狄格州韦斯特波特市：Quorum Books，2001年.

44. 马丁·塞利格曼."林肯峰会上的演讲"，1999年9月，宾夕法尼亚大学积极心理学中心，http://www.ppc.sas.upenn.edu/lincspeech.htm（2009年10月18日检索）.

45. 同上.

46. 马丁·塞利格曼.真正的幸福：用新的积极心理学实现你持续成功的潜力 [M].纽约：Free Press，2004年.

47. http://www.ppc.sas.upenn.edu/.

48. http://www.ppc.sas.upenn.edu/lps/graduate/mapp/.

49. http://www.mentorcoach.com/AHC/index.htm.

50. 杰里·斯特林、R.周.正偏差的力量 [J].哈佛商业评论，1999（1）.

51. 同上.

52. 查尔斯·吉布斯.联合宗教倡议的作用：通过欣赏式探询的跨信仰对话，播下变革的种子.跨信仰对话与和平建设 [M].华盛顿：美国和平研究所出版.

53. 简·E.达顿、罗伯特·E.奎因、金·S.卡梅伦.积极组织学术 [M].旧金山：Berrett-Koehler，2003年.

54. 杰维斯·R.布希、罗伯特·J.马沙克.修订组织发展：诊断和对话的前提及实践模式 [M]. 即将出版 .

55. http://appriciativeinquiry.case.edu.

第七章
发现：欣赏式访谈及更多

56. 黛安娜·惠特尼、大卫·L.库珀里德、阿曼达·赛思顿 – 布伦、布赖恩·卡普林.正向提问百科全书第一卷 [M].俄亥俄州：Lakeshore Communications，2002 年.

57. 黛安娜·惠特尼、大卫·L.库珀里德、阿曼达·赛思顿 – 布伦、布赖恩·卡普林.正向提问百科全书第一卷.用欣赏式探询激发组织的最佳状态 [M].俄亥俄州布朗斯维克市：Crown Customer Publishing，2001 年.

58. 黛安娜·惠特尼、阿曼达·赛思顿 – 布伦、杰伊·切尔尼、罗纳德·弗赖伊.创建欣赏式团队：激发团队最佳状态的积极提问 [M].内布拉斯加州林肯市：iUniverse，2004 年.

59. 唐·C.多尔、珍·赫策尔·西尔伯特、埃达·乔·曼、黛安娜·惠特尼.正向家庭动力：激发家庭最佳状态的欣赏式提问 [M].俄亥俄州格林佛尔斯市：陶斯学院出版社，2008 年.

60. 黛维斯·泰勒.与圣何塞水星新闻国家广告团队一起工作的感想.

61. 卡尔·E.韦克.组织的意义建构 [M].加州千橡市：Sage，1995 年.

62. 杰罗姆·布鲁纳.意义行为：有关思想和文化的四个演讲 [M].

马萨诸塞州剑桥：哈佛大学出版社，1990 年.

63. 保罗·格赖斯. 话语用法研究 [M]. 马萨诸塞州剑桥：哈佛大学
出版社，1989 年.

64. 大卫·L. 库珀里德、黛安娜·惠特尼. 欣赏式探询：变革的积极
革命 [M]. 旧金山：Berrett-Koehler，2005 年.

第八章
梦想：愿景和未来的声音

65. 大卫·L. 库珀里德. 积极形象积极行动：组织规划的乐观基
础. 欣赏式管理和领导力 [M]. 旧金山：Jossey-Bass，1990 年.

66. 吉姆·C. 柯林斯、杰里·I. 泼拉斯. 基业长青：远见卓识的领导
者的成功习惯 [M]. 纽约：Harper-Collins，1994 年.

67. 同上.

68. 理查德·斯特劳斯. 导论. 查拉图斯特拉如是说. 作品 30，
1896 年.

第九章
设计：给价值观和理想塑造具体形态

69. 玛格丽特·米德. 文化模式与技术变革 [M]. 纽约：Mentor Books，
1995 年.

70. 托马斯·J. 彼得、罗伯特·H. 沃特曼. 追求卓越 [M]. 纽约：
Harper & Row，1982 年.

71. 大卫·科滕.后企业世界：资本主义后的生活 [M].旧金山：Berrett-Koehler，2000 年.

72. 迪伊·霍克.混沌年代的诞生 [M].旧金山：Berrett-Koehler，1999 年.

73. 黛安娜·惠特尼.像对待生活一样设计组织：欣赏式组织规划的原则.用积极的视角设计信息和组织：欣赏式探询的进展 [M].牛津：爱思唯尔科学公司，2007 年.

74. 简·沃特金斯、伯纳德·莫尔.欣赏式探询：以想象的速度改变 [M].旧金山：Jossey-Bass/Pfeiffer，2001 年.

第十章
命运：启发性行动和即兴行动

75. 黛安娜·惠特尼、凯伊·雷德、阿曼达·赛思顿 – 布伦.欣赏式领导力 [M].纽约：McGraw-Hill，2010 年.

76. 吉姆·安东尼.Ette Gazette 20 周年纪念刊 [J].2009 年 10 月，13.

第十一章
欣赏式探询：社区规划流程

77. 彼得·布洛克.社区：归属结构 [M].旧金山：Berrett-Koehler，2008 年.

第十二章
欣赏式探询为什么有效

78. 保罗·弗雷德 . 受压迫者教育学 [M]. 纽约：Continuum，1970 年 .

79. 希拉·麦克纳米、肯尼斯·J. 格根 . 关系责任 [M]. 加州千叶市：Sage，1999 年 .

80. 艾伦·福格尔 . 通过关系发展 [M]. 芝加哥：芝加哥大学出版社，1993 年 .

81. 凯文·凯利 . 新经济的新规则 [M]. 纽约：Penguin，1998 年 .

82. 华莱士·布莱克·埃尔克、约瑟夫·埃普斯·布朗 . 神圣的烟斗：黑麋鹿对奥格拉拉族七个仪式的记述 [M]. 诺曼：俄克拉荷马大学出版社，1989 年 .

表、图、展示索引

"欣赏式探询"词汇速查

4-D cycle	4-D 循环
4-D Dialogue	4-D 对话
Advisory Team	顾问团队
affirmative	肯定的
Affirmative Topics	肯定式主题
AI principles	AI 原则
AI Summit	AI 高峰会
Anticipatory Principle	预期原则
Appreciative Inquiry	欣赏式探询
Appreciative Interview	欣赏式访谈
Appreciative Leadership	欣赏式领导力
calling	感召
Case Western Reserve University	美国凯斯西储大学
common ground	共同点
Constructionist Principle	建构主义原则
conversation	交谈
Corporation for Positive Change	正向创变企业

deficit−based	亏缺为本
Design	设计
Design Elements	设计元素
design preference	设计偏好
Design Principles	设计原则
Design Statement	设计宣言
Design Worksheet	设计工作表
Destiny	命运
dialogue	对话
Discovery	发现
Dream	梦想
Enactment Principle	活现原则
Form of Engagement	参与形式
Free Choice Principle	自由选择原则
grounded research	扎根研究、扎根研究法
highpoint experience	高峰经验
human−scale	人性尺度
image	意象
image theory	意象理论
Images inspire actions	意象启发行动
improvisation	即兴 / 即席
Innovation Teams	创新团队
inquiry	探询

Inquiry is intervention	提问就是介入
inquiry, illumination, inclusion,	探询、点亮、融合、
inspiration, integrity	启发、整全
initiatives	倡议
intervention	介入
Interview Guide	访谈指引
lead-in	导入
life-affirming	令人对生命充满希望的
life-centered	以生命为中心
magnetic	富吸引力的
map of the positive core	正向核心地图
meaning making	意义建构
Narrative Analysis	叙事分析
opportunity map	机遇导图
parameters	参数
Poetic Principle	诗意原则
positive	正向
Positive Core	正向核心
Positive emotions build capacity	正向情绪建立包容力
Positive Principle	正向原则
Problem	问题
provocative	激发
Provocative Proposition	激发性命题

purpose	目的
Purpose Statement	目的宣言
Question	提问
quote	格言
root cause of success	成功根源
self-organizing action	自组织行动
silo	谷仓效应
Simultaneity Principle	同步原则
social architecture	社会结构
Social constructionism	社会建构主义
strategy	战略
strength-based	强项为本
tactics	策略
Taos Institute	陶斯学院
United Religions Initiative	联合宗教倡议
Value-Inspired People	价值启发者
Wholeness Principle	整体原则
Words create worlds	话语创造世界

关于我们

关于作者

黛安娜·惠特尼和阿曼达·赛思顿－布伦是三十年的朋友和同事，她们初次相识是在费城的合益集团工作的时候。目前她们共同领导一家名为正向创变企业的国际咨询公司，公司的使命是为我们这个时代最紧迫的问题做欣赏式探询。黛安娜和阿曼达设计和促进大型积极变革的能力受到客户和同事们的高度评价。她们是智慧的顾问、鼓舞人心的主旨发言人、令人信服的教育家，致力于支持高管和顾问学习欣赏式探询知识和技能。她们的客户包括500强企业、政府机构、宗教组织、医疗保健系统和社区。

她们通过实践创新推动积极变革领域的发展，并提供专为培养欣赏式探询和正向改变能力的公开课和内训工作坊。她们还制作了一系列有关欣赏式探询的 CD 和 DVD，以及首个完全基于优势的流程，以深化领导力的自我意识和欣赏式智慧，名为"**欣赏式领导力发展计划**"。

黛安娜是陶斯学院（Taos Institute）的创始人和名誉董事、世界商学院的院士、塞布鲁克大学杰出的顾问教员。她居住在北卡罗来纳州的查珀尔希尔，她在那里举办工作坊和写作。她有两个成年的孩子。您可通过电子邮件联系到她：Diana@positivechange.org。

阿曼达是国际顾问协会（ACI‑Associated Consultant International）的认证顾问、陶斯学院的合伙人、全球组织发展和欣赏式探询学习社区的积极参与者。她和丈夫及女儿居住在科罗拉多州的金市。在那里，她组织和辅导其他欣赏式探询顾问，在工作坊授课，并与当地的学校系统、城市以及她的"统一普遍主义社区"合作。您可通过电子邮件联系到她：Amanda@positivechange.org。

黛安娜和阿曼达对基于拉科塔传统和道家哲学的精神实践有很深的共识，她们把这些原则和实践整合到她们的工作当中。这一承诺使她们自愿贡献自己的时间和才智，支持"联合宗教倡议"的建立，一个致力于世界和平的跨宗教组织。

作者的其他著作

《欣赏式领导力》

McGraw–Hill 2010 年出版

《欣赏式探询》

McGraw–Hill 2010 年出版

《欣赏式提问百科全书》第二版

Crown Customer Publishing 2013 年出版

《创建欣赏式团队》

iUniverse 2004 年出版

《正向家庭的动力》

陶斯学院出版社 2008 年出版

《欣赏式组织》修订版

陶斯学院出版社 2008 年出版

《欣赏式探询：正向变革的革命》

Berrerr-Koehler 2005 年出版

《欣赏式探询峰会》

Berrerr-Koehler 2003 年出版

《欣赏式探询手册》第二版（书和 CD）

Crown Customer Publishing 2005 年出版

《欣赏式探询的研究进展》（DVD）

正向创变企业 2008 年出版

《欣赏式探询的基础》：由黛安娜·惠特尼和大卫·库珀里德
主办的工作坊（CD）

正向创变企业 2008 年出版

关于正向创变企业

我们是首家欣赏式探询顾问公司，致力于工作和生活各领域积极变革的先驱顾问社区。我们提供大规模咨询、高管教练、主题演讲以及有关欣赏式探询的各种主题的工作坊。我们与客户合作，用最先进的欣赏式探询流程、实践、工具和研究支持他们。我们的网址是：www.positivechange.org。